GÜTERSLOHER
VERLAGSHAUS

Entdecken Sie mehr auf
www.gtvh.de

Renate Wind

Christsein im Imperium

Jesusnachfolge als Vision einer anderen Welt

Gütersloher Verlagshaus

Inhalt

Vorwort   6

Vom Erzählen – Erinnere dich!
Die Bibel als große Erzählung   9

Das Kreuz mit der Leitkultur
Die Christen und das Imperium Romanum   17

Die guten und die schlechten Hirten
Herrschaftskritik statt pastoraler Idylle   30

Die Botschaft von einem anderen Sieg und einem anderen Herrn!
Das Markusevangelium im Jahre 70   46

Euch ist heute der Heiland geboren
Zwei Geschichten von der Geburt Jesu   55

»Was würde Jesus dazu sagen?«
Die »Spruchquelle« als ureigenste Stimme Jesu   65

Paradise Now!
Die Sehnsucht und das Glück, anders zu leben: die Bergpredigt   75

»Und zwischen Himmeln und Erden ist wieder Anbeginn«
Jesus der Heiler   85

Wer bist Du, Christus?
Der Weg nach Jerusalem   94

Drei verschiedene Versuche, den Tod Jesu zu deuten
Die Passion Jesu als Leiden und Leidenschaft   101

»Was sucht ihr den Lebenden bei den Toten?«
  Die Erzählungen vom Sieg des Lebens   111

»Der Gott, der mit uns ist, ist der Gott, der uns verlässt«
  Die Geschichten von Himmelfahrt und Pfingsten   118

»Der Heilige Geist und wir haben beschlossen ...«
  Das Apostelkonzil und ein weitreichender Beschluss   128

»Die Liebe ist die Erfüllung des Gesetzes!«
  Die ersten Gemeinden im Spiegel der paulinischen
  Ermahnungen   136

Hunger nach Gerechtigkeit
  Jesus, die Hoffnung der Armen   146

Brot und Wein
  Abendmahl – Wann ist Jesus »präsent«?   153

Jesus und die Frauen
  Männerängste und Frauenträume   160

»Die Herren der Welt gehen, unser Herr kommt!«
  Die Staatskritik der Johannesapokalypse   171

»Amazing grace«
  Von der Umkehr, der Nachfolge und der Gnade   185

Dank   200

Anmerkungen   201

Vorwort

Sie haben damals eigentlich schon alles gewusst, die Frauen und Männer, die uns in der Bibel begegnen und uns von ihren Freuden und Leiden, Hoffnungen und Verzweiflungen erzählen, von Befreiung aus der Knechtschaft und von der Liebe, die stärker ist als der Tod. Sie haben von einer Welt geträumt, die ein Lebensort sein wird für die ganze Menschenfamilie, in der die Wüste zu blühen beginnt, wenn Gerechtigkeit und Frieden sich küssen. Voller Poesie sind diese biblischen Hoffnungstexte und sie stehen neben den vielen anderen, die die Realität der Menschen schildern, von ihren Möglichkeiten und Grenzen reden inmitten der ungelösten Widersprüche in einer Welt, die ungerecht verteilt und voller Gewalt ist. Sie haben darüber nachgedacht, warum es so ist und wie es anders werden könnte, und sie laden dazu ein, mit ihnen darüber ins Gespräch zu kommen. Sie sagen uns, dass es menschenunwürdig ist, eine Welt der Gewalt hinzunehmen, sie für alternativlos zu halten, sich anzupassen, sich in eine Dauerparty zu flüchten oder auch in ein spirituelles Exil.

Unversehens ist damit die Welt der ersten christlichen Gemeinden der unseren ganz ähnlich geworden. Die erste große Globalisierung, das Imperium Romanum, hat die Welt in globalem Maßstab in Gewinner und Verlierer aufgeteilt, die Kluft vergrößert zwischen oben und unten, den Gegensatz zwischen den Zentren der Macht und der Peripherie der Armut als System etabliert, den Glanz und das Elend des Imperiums und seiner Leitkultur unübersehbar gemacht. Diejenigen, die den Preis bezahlten für den Glanz des Imperiums, haben in unterschiedlicher Weise eine andere Welt zu finden versucht, eine davon ist der Versuch der christlichen Gemeinde, in der Nachfolge des Messias Jesus anders zu leben. Sie kommen wie er selbst von den großen Gerechtigkeits- und Befreiungstraditionen Israels her, doch auch bereits aus der Erfahrung des Scheiterns gewaltsamer Aufstände gegen die Macht des Imperiums. Sie haben den Perspektivenwechsel gewagt, zu glauben und zu bekennen, dass das Heil der Welt nicht in einem weiteren siegreichen Machthaber beschlossen liegt, sondern in dem zerbrochenen Leib des Gekreuzigten und in seinen ausgebreiteten Armen. Das bedeutet aber auch den Abschied von einem Kampf um die Macht hin zu einer Basisbewegung, die in ihrem Anderssein zum Salz der Erde und Licht der Welt werden kann.

Das ist der Produktionskontext jener Texte aus dem ersten Jahrhundert, die an den Messias Jesus erinnern und nach seinem alternativen Weg durch die Welt der Gewalt fragen, einem Weg, der nicht der Logik von Gewalt und Gegengewalt folgt, sondern dem alten Traum vom Ende der Menschenmacht über Menschen. Es hat lange gedauert, bis dieses Menschheitswissen und diese Menschheitshoffnung, dieser rote Faden in den biblischen Texten wieder entdeckt werden konnte. Die Geschichte einer Kirche, die schließlich selbst zum Machtapparat der Imperien gehörte, und eine Kirchenlehre, die aus der Diskussion alternativer Lebens- und Widerstandsmöglichkeiten ein abstraktes Lehrsystem machte, hat den subversiven Charakter der Texte lange Zeit unkenntlich gemacht. Die Reformation und insbesondere die Bibelübersetzung Martin Luthers hat ihre Wiederentdeckung ermöglicht. Die Erforschung der Texte durch die historisch-kritische und die sozialgeschichtliche Exegese hat schließlich die Erzählungen, Briefe, Bekenntnisse, Diskussionen und Manifeste wieder lebendig werden und in ihrer spirituellen Tiefendimension und poetischen Schönheit erkennbar werden lassen. Sie zeigen uns unsere Mütter und Väter, die in der Nachfolge Jesu daran festgehalten haben, dass eine andere Welt möglich ist, wenn wir beginnen, sie zu leben, als Gegenkultur zum Imperium in Freiheit und

Solidarität. Dieser Versuch zieht sich trotz aller Verirrungen in vielfältiger Form durch die Geschichte, überall da, wo Menschen diese Gegenkultur hoffnungsvoll und widerständig zu leben versuchten. Sie wurden, wie der Messias Jesus, zu Lehrerinnen und Lehrern der Gerechtigkeit, von denen es im Buch des Propheten Daniel heißt, dass sie leuchten werden wie die Sterne am Himmel immer und ewig.

Dieses Buch ist der Versuch, ihnen eine lebendige, verstehbare und unüberhörbare Stimme zu geben, um sie hören zu können und ihnen zu antworten.

Heidelberg, September 2016 *Renate Wind*

Vom Erzählen – Erinnere dich!

Die Bibel als große Erzählung

Am 28. Mai 1871 endeten die Tage der Pariser Kommune mit der Erschießung der 147 letzten aktiven Kommunarden an der südlichen Mauer des Friedhofs Père Lachaise. Es war das Ende eines ersten und sehr begrenzten Versuchs, Freiheit und Gleichheit, Freiheitsrechte und soziale Menschenrechte in einen alternativen Gesellschaftsentwurf umzusetzen. Die nur zeitweise geschwächten alten Mächte schlugen mit aller Härte zurück – am Ende blieben bis zu 30.000 Tote und 40.000 Inhaftierte oder in die Kolonien Deportierte, derer seitdem in jedem Jahr an der »Mur des Fédérés« gedacht wird.

Ein solches Gedenken hat vor allem den Sinn, die Visionen und Träume derer, die ihr Leben und ihre Freiheit verloren, nicht untergehen zu lassen. Es geht um nichts weniger als um Menschheitserfahrung, Menschheitswissen und Menschheitssehnsucht. Es geht nicht um die Glorifizierung eines geschichtlichen Modells, das an der feindlichen Übermacht ebenso wie an eigenen Widersprüchen gescheitert ist. Die Art des Erinnerns und des Erzählens braucht diese Ehrlichkeit ebenso wie die hartnäckige und zärtliche Bewahrung der Hoffnung derer, die ihr Leben für sie aufs Spiel setzten: »Ich halte dich in meinem Arm umfangen, wie ein Saatkorn ist die Hoffnung aufgegangen – wird sich nun der Traum erfüllen derer, die ihr Leben gaben für das kaum erträumte Glück: leben ohne Angst zu haben!«[1]

Dieses kleine Lied, ein letztes Zusammenspiel von Hanns Eisler und Bertolt Brecht, passt zu einer Szene, die sich außerhalb der offiziellen Gedenkfeiern an der »Mauer der Kommunarden« abgespielt hat. Auf den Stufen an der Mauer saß eine kleine russische Familie. Die Mutter hatte ihre beiden etwa zehn Jahre alten Zwillinge im Arm, der Vater hockte vor ihnen und erzählte traurig und liebevoll von den Kommunarden, ihrem Leben, Leiden und Sterben – ohne jedes revolutionäre Pathos. Die beiden Mädchen hörten aufmerksam und bekümmert zu, doch mit dem Gefühl des Aufgehobenseins in der Wärme dieser kleinen Gemeinschaft des Erinnerns und Erzählens. Was immer sie in ihrem späteren Leben dachten und erlebten – etwas von diesem Augenblick wird in ihnen den Zorn gegen jedes Unrecht und zugleich die Sehnsucht nach Gerechtigkeit wachhalten, die ihnen mit so viel Zärtlichkeit ins Herz gelegt wurde.

Es ist also nicht nur wichtig, *dass* erzählt wird, sondern auch, *wie* erzählt wird – das gilt für jede Botschaft. Für die in der Tradition Israels entstandenen Schriften gilt, dass die Erinnerung zugleich eine Vergegenwärtigung von Heilungs- und Befreiungserfahrungen sein soll, als die heilvolle Wegweisung durch die Tora, als die befreiende Zuwendung Gottes zu seinen Menschen und ihre gnädige Bewahrung. Das alles wird freilich nur dann als heilvoll und befreiend empfunden, wenn es erlebt und *gelebt* werden kann. Die Gnadenbotschaft bleibt eine abstrakte Formel, wenn sie in einer ungnädigen Form und einer nicht in Frage gestellten gnadenlosen Realität verkündet wird. Und sie wird unglaubwürdig, wenn sie die Widersprüchlichkeit menschlichen Lebens, die die Bibel nicht verschweigt, nicht ernst nimmt. Tatsächlich ist in den biblischen Texten von dem Ganzen des menschlichen Lebens die Rede, von den guten und schlechten Seiten der Menschen, von ihren Möglichkeiten und ihrem Scheitern, auch und gerade bei der Gestaltung ihrer Welt. Und doch wird bis zuletzt die Hoffnung zum Ausdruck gebracht, dass diese Welt als Schöpfung Gottes wieder einmal so gut werden soll, wie sie am Anfang gewesen sein muss, dass Menschen umkehren, aus falschen Programmierungen aussteigen können. Das ist auch die erste und entscheidende Botschaft Jesu: »Kehrt um, das Reich Gottes ist im Kommen begriffen.« (Mk 1,15) »Dass Gott in der Welt und Weltlichkeit durch deren glühende Reinigung und bildnerische Vollkommenheit verwirklicht werden will, dass die Welt das verwüstete Haus ist, das für den Geist gerichtet werden soll, und dass, solange dies nicht geschehen ist, der Geist nicht hat, wo er sein Haupt hinlege, dieses abgründige Wissen ist Jesu tiefstes Judentum.«[2]

Die Welt, das »verwüstete Haus«, das ist das große Thema derer, die heute neu über das Scheitern der großen Befreiungsbewegungen des 20. Jahrhunderts nachdenken. Ton Veerkamp hat in seiner »Politischen Geschichte der Großen Erzählung« gefordert, nicht von der »anderen Welt«, sondern von »der Welt anders« zu reden, und zugleich der Trauer Raum gegeben, dass die Versuche, diese Welt anders zu machen, gescheitert sind.[3] Der Messias und die messianischen Bewegungen sind erledigt. Was bleibt? Zunächst bleibt das »verwüstete Haus« für weite Teile der Menschheit die Realität, die die Ideologie des Neoliberalismus und ihre Vertreter, die sich eine Zeit lang als Sieger der Geschichte verstehen durften – und es allen Krisen zum Trotz immer noch tun! –, hinterlassen haben: »eine Weltordnung, die für Menschheitshoffnungen jeder Art keinen Ort mehr hat«[4]. Denn der Verlust der Hoffnung, dass die Welt ein gutes Haus für alle Menschen, alle Geschöpfe Gottes werden kann, die Ökumene, wie sie Philip Potter[5] vorschwebte, hat am Ende diejenigen, die daran glaubten und in unterschiedlicher Weise zu realisieren versuchten, ohne Haus und Heimat zurück gelassen.

Ist damit auch der »Text der Großen Erzählung« verschwunden, sind alle großen Erzählungen endgültig vorbei, auch die Bibel als der »politische Entwurf des jüdischen Volkes für eine Gesellschaft, in der niemand Sklave und niemand Herr sein soll«?[6] Wenn das die Einstellung unserer Vorväter und Mütter im Glauben gewesen wäre, gäbe es die Erzählungen von Jesus, dem ermordeten Messias nicht. Sie hielten daran fest, dass mit ihm die Möglichkeit, die »Welt anders« zu machen,

Gestalt angenommen hat, und sie blieben dabei, auch als die erhoffte Wiederkunft des Messias ausblieb. Hatte Paulus noch gehofft, mit dem Kommen des Messias erlöst zu werden aus der Welt der Gewalt, dem »Leib des Todes«, ruft Johannes zwei Generationen später die Gemeinde Jesu auf, in dieser Welt der Angst und Gewalt Gegenkultur zu leben, in Liebe, Solidarität und Gewaltlosigkeit. In dem noch mächtigsten Imperium der Gegenwart, den Vereinigten Staaten von Amerika, haben christliche Gemeinden diese *»counter culture«* zu ihrem Programm gemacht. Frei von den Zwängen einer Staats- oder Volkskirche ist es ihnen möglich – wenn sie es wollen –, mit radikalen Aktionen gegen eine Politik und Wirtschaft der Gewalt zu zeigen, dass die Welt eine andere werden kann.[7] In diesem Kontext entstand die Erkenntnis, dass die Schriften des frühen Christentums durchweg politischen, imperiumskritischen Charakter haben und dass darin ihre widerständische Kraft begründet liegt: die Hoffnung auf den Sieg des Lebens gegen den Tod in der eigenen Lebenspraxis sichtbar zu machen. Vor allem dieser Versuch der ersten Christengenerationen, im Imperium anders zu leben, hat bewirkt, dass der ermordete Messias nicht »im Tode geblieben«, nicht totzukriegen ist. Zugleich haben sie, die in diesem Glauben lebten, die Hoffnung bewahrt, dass es eine andere Welt geben wird, wenn der Messias kommt und Gott selbst »jene Konflikte überwinden wird, die jetzt zu unserem Dasein gehören: Wahrheit und Lüge, Güte und Bosheit, Leben und Tod«[8], aber auch die großen und immer noch antagonistischen Widersprüche zwischen Herrschaft und Knechtschaft, Autonomie und Egalität, Millionenprofiten und millionenfacher Ausbeutung. Doch was bleibt zu tun, wenn der Messias nicht kommt? »Wir haben nur uns ... Von uns hängt es ab, ob die großen Erzählungen ... nicht völlig, nicht absolut in Vergessenheit geraten. Es kommt kein Messias, die Bücher, die wir nicht öffnen, bleiben verschlossen ... Es ist das jüdische ›wer, wenn nicht wir‹. Wer, wenn nicht wir, die noch Klartext reden: wo die Lüge absolut ist, das harte Geschäft der Ideologiekritik betreiben. Im Bewusstsein, dass Theologie, jedenfalls hier, nur noch ein aufklärerisches Projekt sein kann. Und ... für dieses aufklärerische Projekt einzustehen, auch dann, wenn uns die Hoffnung, der Messias käme doch noch, genommen ist. Die Verpflichtung, Tora zu tun, bleibt.«[9]

Doch es geht nicht nur darum, dass aufgeklärt, Tora getan, weiter erzählt wird, es geht auch darum, *wie* es getan und erzählt wird. Die *Freude* an der Tora, das Gebot Gottes als *Herzensanliegen*, die *Lust und Liebe* zu den Werken der Gerechtigkeit, die *Befreiung* von Knechtschaft und Zwang können nicht nur gedacht, sie sollen in guter Weise erfahren, erlebt, geschmeckt, gefühlt werden, nur so kann man sie bewahren und für sie einstehen. Die Art, wie die große Erzählung in den Befreiungsbewegungen – und vor allem in dem großen Versuch einer sozialistischen Revolution und Gesellschaft – so oft erzählt wurde, hat ihr ebenso geschadet wie ihre gewalttätige Auslöschung durch die alten Mächte dieser Welt, die das Menschenhaus auch weiter verwüsten. Das gilt freilich auch für alle religiösen Varianten des Erzählens der großen Erzählung. Der engstirnige weltanschauliche Unterricht in Marxismus-Leninismus konnte einem den Sozialismus ebenso vermiesen wie der freudlose fundamentalistische Bibelkreis das Christentum. Das liebevolle Erzählen des russischen Familienvaters an der Mauer der Kommunarden aber wird ebenso im Herzen bleiben wie der Jesus, der mir zuerst in einer freien und liebevollen Weise begegnet ist und der mich auch dann nicht verlassen hat, als mich Kirche und Religion zunehmend zum Protest herausgefordert haben: doch den Jesus zu verlieren, hätte die Welt kälter gemacht. Und so ist dieses Buch ein Versuch, diese Tradition des Erzählens fortzusetzen, um die Schönheit dessen spürbar zu machen, was nicht ein messianisches Programm, sondern ein gemeinsames Einschwingen in eine Bewegung ist, in einen »messianischen Flow«, der die Welt und das Leben »anders« macht.

Kontexte

Wir wohnen zwar nicht mehr in den Großen Erzählungen, aber einige von uns wissen noch, was *Wohnen in Großen Erzählungen* einmal hieß, was es für unsere Körper und für unsere Seelen bedeutete, mit den Großen Erzählungen in dieser Welt wohnhaft zu sein, besser gesagt: mit der Sehnsucht nach einer völlig anderen die unmenschliche Welt auszuhalten, um sie eines Tages aus den Angeln heben zu können.

Alle Erzählungen sind nur noch Gerüchte. Hin und wieder kann man sie hören, flüchtig, verkrüppelt oft. Die, die man gehört hat und die manche, nicht alle, immer noch, immer wieder hören wollen. Aber sie sind kein Haus mehr. Sie sind hilflos, aber immerhin Sprache. Man weiß nicht, wer noch zuhört, ob überhaupt noch jemand zuhört. Für einige sind die Erzählungen Wegzehrung. Sie bewahren die Worte für unterwegs, sie wissen nicht, wann sie ankommen, wo sie ankommen, ob sie überhaupt ankommen. Die Erzählungen bleiben immer, sie sind wie ein *road movie*, ein Ende, gar ein Happy End, ist nicht abzusehen. Die Wege werden nicht ohne Erzählungen, nicht sprachlos begangen, nach dem Wort des Dichters Johannes Bobrowski:

Sprache
abgehetzt
mit dem müden Mund
auf dem endlosen Weg
zum Hause des Nachbarn

Ton Veerkamp

Aus: Ton Veerkamp, Die Welt anders. Politische Geschichte der Großen Erzählung, © Institut für kritische Theorie, Argument Verlag, Hamburg 2012, S. 421 und 423.

Ich will mein Haus nicht bewohnen
Ich will meine Augen nicht schließen
Ich ruhe nicht, keinen Augenblick
Ehe ich gefunden habe
Einen Ort, wo er wohnen kann,
eine Stelle zu ruhen vor ihm
der Gott ist, der Einzig Wahre

Ich will mein Haus nicht bewohnen
Ich will meine Augen nicht schließen
Ich ruhe nicht, keinen Augenblick
Bis ich gefunden habe
Einen Ort wo die Toten leben
Eine Stelle wo Recht widerfährt
Den Ausgestoßenen der Erde

Huub Osterhuis
Aus: Huub Oosterhuis, Du Atem meiner Lieder. Hundert Lieder und Gesänge, © Verlag Herder GmbH, Freiburg/Br., S. 32f.

✷

Und dennoch wirst Du fordern, dass wir Dich
Beweisen unaufhörlich, so wie wir sind.
In diesem armen Gewande, mit diesen glanzlosen Augen,
Mit diesen Händen, die nicht mehr zu bilden verstehen,
mit diesen Herzen ohne Trost und Traum.
Aufrufen wirst Du Legionen der Ungläubigen
Kraft Deiner lautlosen Stimme Tag für Tag.

Ihre Glieder werden hören,
Ihr Schoß wird hören,
Essen und Trinken werden sie Dich,
Ihre Lungen atmen Dich ein und aus.

Verlangen wirst du, dass wir, die Lieblosen dieser Erde
Deine Liebe sind,
Die Hässlichen Deine Schönheit,

Die Rastlosen Deine Ruhe,
Die Wortlosen Deine Rede,
Die Schweren Dein Flug.

Und einige wirst Du bisweilen beweglich machen,
Schneller als Deine Maschinen und künstlichen Blitze.
Überflügeln werden sie ihre Angst,
Fahrende werden sie sein, Freudige,
Reich wird und voll Süße sein
Die Begegnung, der Gruß im Vorüber.
Nisten werden sie in ihrer Heimatlosigkeit
Und sich lieben in Tälern des Abschieds.
Gleitet ihr Sterblichen –

Marie Luise Kaschnitz

Marie Luise Kaschnitz, Tutzinger Gedichtkreis, aus: Überallnie, ausgewählte Gedichte 1928-1965, Frankfurt am Main 1988, S. 122f., © Dr. Dieter Schnebel.

Das Kreuz mit der Leitkultur

Die Christen und das Imperium Romanum

»Alexamenos betet seinen Gott an« – das berühmte Graffito, das auf dem Palatin in Rom gefunden wurde, gibt Aufschluss darüber, wie der Glaube der ersten Christen auf ihre Zeitgenossen gewirkt haben muss. Ein gekreuzigter Esel ist das Objekt der Verehrung, ein unverständlicher Aberglaube das Ganze. »Das Kreuz Jesu ist den Juden ein Ärgernis und den Griechen eine Torheit«, hatte bereits Paulus in einem Brief an die Korinther geschrieben. (1. Kor 1,23)

Das Christentum ist im römischen Weltreich eine der zahllosen religiösen Neuerscheinungen. Vor allem in den großen Städten Griechenlands und Kleinasiens und nicht zuletzt in Rom selbst entstehen neben dem offiziellen Staatskult Gemeinschaften unterschiedlicher Herkunft und Prägung. Besonders Mysterienkulte, esoterische Geheimbünde und exklusive Heilslehren finden Zulauf. Sie sind für viele Menschen eine Alternative zur Staatsreligion, bei der die öffentliche Verehrung der Götter kaum als ein Ausdruck persönlichen Glaubens, sondern vielmehr als ein Akt staatsbürgerlicher Loyalität angesehen wird. Für viele Menschen ist das nicht genug; sie suchen nach Heil und Erlösung, nach Gemeinschaft oder auch nach einer glaubwürdigen Verbindung von Glauben und Lebensführung. Hier bietet der jüdische Glaube an den einen, unsichtbaren Gott mit dem Vorrang der Ethik gegenüber dem Kult einen Weg, der gerade sozial engagierten und aufgeklärten Schichten gangbar erscheint.

Das geistige Klima der hellenistisch-römischen Welt ist weitgehend durch religiöse Vielfalt und Toleranz gekennzeichnet. In der multikulturellen und multireligiösen Szene der antiken Metropolen überschneiden und bereichern sich

Traditionen, Riten und Symbole der verschiedenen Gruppen und Bewegungen. Der römische Staat verhält sich großzügig den fremden Kulten gegenüber, solange sie nicht in den Verdacht des Aufruhrs gegen die Obrigkeit, der Anwendung magischer Praktiken und der Gefährdung der öffentlichen Moral geraten. Die Judenheit erhält ein besonderes Privileg als religio licita; als »offiziell zugelassene Religion« wird die Weigerung der Juden, am öffentlichen Opfer für den Kaiser teilzunehmen, weitgehend respektiert. Das gilt zunächst auch für die Christen, die in den Augen der römischen Autoritäten ohnehin lange Zeit nichts anderes als eine jüdische Sondergruppe sind.

Aber die religiöse Toleranz der römischen Machthaber hat ihre Grenzen. Solange es nur um abweichende Gottesvorstellungen und fremde Kultpraktiken geht, wird die Integrationsfähigkeit des Imperium Romanum kaum in Frage gestellt. Was aber, wenn der Glaube an den anderen Gott untrennbar verbunden ist mit einer herrschaftskritischen Vision, zum Beispiel der Hoffnung auf den Messias und das Ende von Menschenmacht über Menschen?

Mit messianischen Bewegungen hat Rom schon immer kurzen Prozess gemacht, unter anderem mit der Bewegung des Jesus, den seine Anhänger den Messias, den Christus nennen. An seine Hinrichtung erinnert der römische Geschichtsschreiber Tacitus, der erste, der die Christen als eigenständige religiöse Gruppe wahrnimmt und beschreibt: »Es handelt sich um die wegen ihrer Untaten verhassten Leute, die das Volk Christen zu nennen pflegte. Der Name geht auf Christus zurück, der unter der Herrschaft des Tiberius durch den Prokurator Pontius Pilatus hingerichtet worden war. Dadurch für den Augenblick unterdrückt, flammte der verhängnisvolle Aberglaube später wieder auf, nicht nur in Judäa, der Heimat dieses Übels, sondern auch überall in der Hauptstadt Rom, wo alle schrecklichen und schändlichen religiösen Bräuche von überall her zusammenkommen und geübt werden.«[10]

Den christlichen Gemeinden ist durchaus daran gelegen, nicht mit einem gewaltbereiten jüdischen Messianismus in Verbindung gebracht zu werden. Dieser hatte im ersten Jahrhundert nach der Zeitenwende immer wieder die Macht Roms in militanten Aktionen angegriffen. Doch die Katastrophe des jüdischen Krieges, der mit der Zerstörung des Tempels endet, und die blutige Niederschlagung des letzten messianischen Bar-Kochba-Aufstandes hat die Christen in der Überzeugung bestärkt, dass sich die Herrschaft des Messias nicht mit den Mitteln politischer Gewalt durchsetzen wird. Um aus dem Blickfeld römischer Verfolgungsinstanzen zu geraten, beschreiben die Evangelisten die Konflikte, die zur Hinrichtung Jesu führten, als eine innerjüdische religiöse Auseinandersetzung und entlassen den eigentlich zuständigen Pontius Pilatus weitgehend aus der Verantwortung für das gegen Jesus verhängte und vollzogene Todesurteil. Zum Verhältnis der christlichen Gemeinden zum römischen Staat formuliert der Evangelist Markus taktisch geschickt: »Gebt dem Kaiser, was des Kaisers ist, und Gott, was Gottes ist.« (Mk 12,17)

Das ist scheinbar unverdächtig, bedeutet aber trotzdem kein friedliches Miteinander von Kirche und Staat. Denn der Herrschaftsanspruch des Kaisers wird durch den Willen und die Weisung Gottes begrenzt und im Konfliktfall auch zurückgewiesen. Keineswegs geht es bei dem,»was Gottes ist«, allein um innere Einstellungen und die Freiheit der Religionsausübung. Nicht im offenen Protest, sondern unauffällig und beharrlich leben und handeln die christlichen Gemeinden anders, als man es von Bürgern des römischen Reiches erwartet. In dem Bewusstsein, zu einem anderen Herrn und in einen anderen Herrschaftsbereich zu gehören, praktizieren sie einen provozierend alternativen Lebensstil. »An geheimen Zeichen und

Merkmalen erkennen sie einander und lieben sich schon, fast ehe sie sich noch kennen. Unterschiedslos vollziehen sie miteinander eine Art Ritual der Lüste; sie nennen einander Brüder und Schwestern, so dass die bei ihnen übliche Unzucht durch den Gebrauch eines so heiligen Wortes sogar zum Inzest wird ... Im Mittelpunkt ihrer Zeremonien steht ein für seine Verbrechen mit dem Tode bestrafter Mensch samt den Kreuzeshölzern, dann wird damit diesen verlorenen, verbrecherischen Menschen eben das als Heiligtum zugeschrieben, was zu ihnen passt: sie verehren, was ihnen selbst gebührt.«[11]

In der Reihe dieser von Minucius Felix zusammengetragenen Vorwürfe kommen noch mehr Gerüchte zusammen, die typisch sind für die Phantasien, die der Durchschnittsbürger immer wieder gegen ihm fremde Minderheiten zu entwickeln scheint. Man munkelt von Menschenopfern und rituellem Kindermord, ausschweifenden Gelagen und obszönen Kultpraktiken. Weil sich die religiöse Praxis der christlichen Gemeinden nicht öffentlich darstellt, gibt sie Anlass zu Spekulationen und Verschwörungstheorien. Dazu kommt, dass sich die Christen von vielem absondern, was zur Lebensart und Kultur des römischen Reiches dazugehört. Den mit den heidnischen Götterkulten verbundenen Festessen nach Opferhandlungen bleiben sie ebenso fern wie den Schauspielen, Wagenrennen und Gladiatorenkämpfen. In einer Gesellschaft, die der Meinung ist, Kulturträger für die gesamte restliche Welt zu sein, schätzt man es gar nicht, wenn Menschen nicht so leben wollen wie man selbst.

Aber die Auseinandersetzung greift noch tiefer in das gesellschaftliche und soziale Gefüge der römischen Gesellschaft ein. Die Christen greifen das System der Sklaverei nicht offen an. Aber innerhalb der christlichen Hausgemeinschaften ist sie praktisch aufgehoben. Die Wirkung, die von einem solchen Schritt ausgeht, destabilisiert die antike Sklavenhalterordnung nachhaltiger als die immer wieder aufflackernden Sklavenaufstände. Die Weigerung, Opferhandlungen vorzunehmen, sich an Wallfahrten und Andachten zu beteiligen, führt zu wirtschaftlichen Einbrüchen im Devotionalienhandel und am Opferfleischmarkt. Gegenmaßnahmen werden getroffen. Aufschluss darüber gibt ein Briefwechsel zwischen Plinius, dem Statthalter der kleinasiatischen Provinz Bithynien-Pontus, und Kaiser Trajan aus den Jahren 111 bis 113. Über die Probleme, die das Christentum in seiner Provinz verursacht, schreibt Plinius seinem Kaiser Folgendes: »Nicht nur über Städte, sondern auch über Dörfer und Felder hat sich die Seuche dieses Aberglaubens ausgebreitet; man scheint sie aufhalten und heilen zu können. Jedenfalls ist es ziemlich sicher, dass die beinahe schon verwaisten Tempel wieder besucht, die lange unterbrochenen feierlichen Opfer wieder aufgenommen werden und überall das Fleisch der Opfertiere wieder verkauft wird, für das sich bisher nur selten ein Käufer fand.«[12]

Geschäftsinteressen scheinen also eine nicht zu unterschätzende Rolle bei der Denunziation und Verfolgung von Christen gespielt zu haben. Ganze Berufsgruppen verdanken ihre wirtschaftliche Existenz dem Tempel- und Opferdienst. Von der Aktion der Silberschmiede, den Herstellern kleiner silberner Andenkentempelchen und Amulette am Heiligtum der Artemis in Ephesus, berichtet schon die Apostelgeschichte des Lukas: »Ein Silberschmied namens Demetrius, der silberne Artemistempel herstellte und den Künstlern viel zu verdienen gab, rief diese und die anderen damit beschäftigten Arbeiter zusammen und sagte: ›Männer, ihr wisst, dass wir unseren Wohlstand diesem Gewerbe verdanken. Nun seht und hört ihr, dass dieser Paulus nicht nur in Ephesus, sondern fast in der ganzen Provinz Asien viele Leute verführt und aufgehetzt hat mit der Behauptung, die mit Händen gemachten Götter seien keine Götter. So kommt nicht nur unser Geschäft in Verruf, sondern auch dem Heiligtum der großen Göttin Artemis droht Gefahr, nichts mehr zu gelten, ja sie selbst, die von der ganzen Provinz Asien und von der ganzen Welt (!) verehrt wird, wird ihre Hoheit verlieren.‹ Als sie das hörten, wurden sie wütend und schrieen: ›Groß ist die Artemis von Ephesus!‹« (Apg 19,24-28). Die Weigerung, sich der römischen »Leitkultur« anzupassen, ist wohl immer wieder der eigentliche Grund von Ausgrenzung und Anlass zur Verfolgung gewesen.

Wie viele Menschen in Zeiten von Christenverfolgungen drangsaliert, eingesperrt und umgebracht worden sind, lässt sich nicht mehr ermitteln. Es scheint, als habe es vor allem lokal begrenzte Übergriffe und Strafverfolgungen durch einzelne Prokuratoren gegeben, die zumeist von der Vorgabe geleitet waren, die Ruhe im Land, die »Pax Romana«, mit allen Mitteln herzustellen und Unruheherde im Keim zu ersticken. Durch die Anfragen, die der Prokurator Plinius an Kaiser Trajan richtet, wird jedoch darüber hinaus etwas von dem entscheidenden Konflikt erkennbar, der den von Zeit zu Zeit einsetzenden systematischen Christenverfolgungen zugrunde lag. Dieser Konflikt entzündete sich an der Forderung staatlicher Instanzen an alle Bürger des römischen Reiches, als Zeichen staatsbürgerlicher Loyalität am Ritual des Kaiseropfers teilzunehmen. Eine solche zwangsweise Teilnahme am Kaiseropfer scheint insbesondere in Krisenzeiten angeordnet worden zu sein und Christen wie Juden in einen unüberwindlichen Gegensatz zu den staatlichen Autoritäten gebracht zu haben. »Gebt dem Kaiser, was des Kaisers ist, und Gott, was Gottes ist« bedeutete in diesem Fall eine endgültige und öffentliche Gehorsamsverweigerung, die die Christen insgesamt als Feinde des Kaisers und des römischen Staates auswies. Auch wenn Vertreter der Kirche unermüdlich ihre staatsbürgerliche Gesinnung darzustellen versuchten – »Also werde ich den Kaiser lieben und ehren, nicht indem ich ihn anbete, sondern indem ich für ihn bete ...«[13] –, wurden sie als Gefahr für das Wohl des Imperium Romanum angesehen und entsprechend behandelt. Plinius berichtet über sein Vorgehen in den Christenprozessen: »Diejenigen, die leugneten, Christen zu sein oder gewesen zu sein, glaubte ich freilassen zu müssen, da sie nach einer von mir vorgegebenen Formel unsere Götter anriefen und vor Deinem Bilde, das ich zu diesem Zweck zusammen mit den Statuen der Götter hatte bringen lassen, mit Weihrauch und Wein opferten, außerdem Christus fluchten, lauter Dinge, zu denen wirkliche Christen sich angeblich nicht zwingen lassen.«[14] Was mit den anderen geschah, wird ebenso deutlich beschrieben: »Vorläufig habe ich bei denen, die mir als Christen angezeigt wurden, folgendes Verfahren angewandt: Ich habe sie gefragt, ob sie Christen seien. Die es bejahten, habe ich ein zweites und drittes Mal gefragt, wobei ich ihnen die Todesstrafe androhte; die dabei blieben, habe ich befohlen abzuführen, denn ich zweifelte nicht, dass, was auch immer sie vorbringen mochten, Hartnäckigkeit und unbeugsame Halsstarrigkeit bestraft werden müssten.«[15]

Diese Unbeugsamkeit also ist es, die die Vertreter des römischen Imperiums gegen die Christen aufbringt. Trotz aller Wohlanständigkeit, die ihnen von Freund und Feind bescheinigt wird, bleibt da ein Rest von schwer fassbarer, aber beunruhigender Widerständigkeit. In letzter Konsequenz unterwerfen sie sich der Herrschaft des Kaisers nicht; würden sie sich sonst weigern, ein paar Körnchen Weihrauch in die Schale vor seinem Standbild zu werfen?

In der römischen Kaiserideologie ist das Wohl des Reiches identisch mit dem Wohl des Kaisers. Er ist der Inbegriff des Reiches, und der Kaiserkult ist die Klammer, die die unterschiedlichen Völker und Gruppen ideologisch zusammenhalten soll. Entsprechend heißt es bei Plinius am Ende seiner Dankrede an den kapitolinischen Jupiter: »Wir bestürmen Dich nicht mit mancherlei Bitten. Denn wir bitten nicht um Frieden, nicht um Eintracht, nicht um Sicherheit, nicht um Reichtum, nicht um Ehre; einfach und dies alles einschließend heißt unser einziger Wunsch: ›Heil dem Princeps!‹«[16] Der Kaiser, der dazu ausersehen ist, »auf Erden Götteramt zu versehen«[17], wird zum umfassenden Heilsbringer. Zum Jahresbeginn berichtet Plinius Kaiser Trajan vom Vollzug der »feierlichen Gelübde für Dein Wohlergehen, auf dem die allgemeine Wohlfahrt beruht«[18].

Auf diesem Hintergrund hat das Bekenntnis der Christen zu dem einen Herrn, dem »Christos Kyrios«, staatsgefährdenden Charakter. Die Weigerung, sich der Herrschaft des Kaisers mit Leib und Seele zu unterwerfen, von ihm Recht und Ordnung, aber nicht das Heil zu erwarten, stellt bereits einen Akt der Subversion dar, und die Aussage: »Es ist – außer in Christus – in keinem anderen Heil« wird in dieser Konfrontation zur Manifestation des Protestes gegen den totalen Machtanspruch des zum Gott erhobenen Kaisers in Rom. Das ist der entscheidende Punkt, an dem sich die Repräsentanten des Imperium Romanum herausgefordert sehen. In dem Glauben an den unverfügbaren Gott Israels und den von ihm gesandten Messias hat die Gemeinde der Christen einen anderen Herrn und andere Loyalitäten. Das macht aus ihnen bei aller Friedlichkeit unberechenbare Untertanen. In Zeiten wirtschaftlichen und politischen Niedergangs sind sie ein destabilisierender Faktor, dessen man sich lieber entledigt.

In den Verfolgungswellen des zweiten und dritten Jahrhunderts werden immer wieder Versuche gemacht, die christliche Kirche als Ganze in ihrer Existenz zu bedrohen. Bischöfe und Presbyter, Diakone und Frauen in leitenden Gemeindepositionen werden gezielt festgenommen und hingerichtet, Versammlungen werden verboten, Kirchen zerstört. Immer wieder überlebt die Kirche im Untergrund, in Höhlen und Katakomben. Das Kreuz des Messias Jesus ist auch das Kreuz derer geworden, die ihm nachfolgen. Sie nehmen es auf sich in der Hoffnung, ihr Bürgerrecht ohnehin nicht im Imperium Romanum, sondern im messianischen Reich Gottes zu haben.

Eben das hat man ihnen zum Vorwurf gemacht: Sie haben sich der angeblich allein heilbringenden Leitkultur des römischen Kaiserreiches nicht angepasst. Kaiser Galerius, unter dessen Herrschaft die letzte Welle der Verfolgung über die christliche Gemeinde hinweggegangen ist, bringt es auf den Punkt: »Unter den Anordnungen, die wir immer zum Wohl und Nutzen des Staates treffen, wollten wir bisher alles entsprechend den alten Gesetzen und der Staatsverfassung der Römer in Ordnung bringen und dafür sorgen, dass auch die Christen, die die Denk- und Handlungsweisen ihrer Vorfahren verlassen hatten, wieder zur Vernunft zurückkehrten. Denn aus irgendeinem Grund hatte ein so starker Eigenwille (!) eben diese Christen erfasst und eine so große Torheit von ihnen Besitz ergriffen, dass sie den Gebräuchen der Alten nicht mehr folgten, sondern ganz nach Gutdünken und Belieben sich Gesetze gaben, um sie zu beachten, und in verschiedenen Gegenden verschiedene Völker zu Gemeinschaften vereinigten. Als schließlich von uns der Befehl erging, dass sie zu den Gebräuchen der Alten zurückkehren sollten, wurden viele in Kapitalprozesse verwickelt, viele aber auch vertrieben.«[19]

Bereits am Ende des zweiten Jahrhunderts hatte der Kirchenvater Tertullian die berühmten Sätze geschrieben: »Kreuzigt, foltert, verdammt, zermalmt uns ... es nutzt euch keine noch so große Grausamkeit, sie erhöht nur die Anziehungskraft unserer Gemeinden. Wir nehmen an Zahl zu, so oft wir von euch niedergemäht werden. Ein Samen ist das Blut der Christen.«[20]

Gut hundert Jahre später, in einem ersten kaiserlichen Toleranzedikt, räumt Kaiser Galerius das Scheitern der Verfolgungsmaßnahmen ein: »Da die meisten Christen auf ihrem

Vorsatz beharrten ... haben wir geglaubt, auch diesen unsere bereitwilligste Nachsicht gewähren zu müssen, dass sie wieder Christen sein und ihre Versammlungsstätten wieder aufbauen können, jedoch so, dass sie nichts gegen die öffentliche Ordnung unternehmen ... Daher wird es entsprechend unserem Entgegenkommen die Pflicht der Christen sein, zu ihrem Gott zu beten für unser Wohl, für das Wohl des Staates und für ihr eigenes, damit der Staat nach allen Richtungen hin vor Schaden bewahrt bleibe.«[21] Wenig später wird Kaiser Konstantin mit dem Mailänder Edikt das Christentum den anderen Kulten gleichstellen und darüber hinaus in seinen Machtapparat einbinden. Diese »Konstantinische Wende« wird am Ende des 4. Jahrhunderts zu einer Kirche führen, die sich als »Staatsreligion« etabliert und in der die von Jesus ausgehende Lehre und Praxis zunehmend verdrängt wird. Dennoch wurde sie bewahrt, in den biblischen Schriften und in der Praxis der Reformbewegungen, die durch die Geschichte hindurch der »Kirche von oben« eine »Kirche von unten« entgegensetzten, inspiriert durch die immer neu zu entdeckenden »antiimperialistischen« biblischen Traditionen, die bis heute ihre subversive und befreiende Kraft nicht verloren haben.

Kontexte

Die Märtyrer von Lyon, im August des Jahres 177

Wie alle Großstädte ist auch Lyon ziemlich kosmopolitisch ausgerichtet. Man findet hier daher die Mehrheit der im Reich ausgeübten Kulte vor ... Aber die Christen haben bereits die Aufmerksamkeit wegen ihres auffälligen Verhaltens auf sich gezogen. Erst kürzlich sind die Christen anlässlich der zur Feier der Siege Marc Aurels über die Barbaren offiziell abgehaltenen Zeremonien wegen ihrer hartnäckigen Weigerung aufgefallen, den von ihnen so bezeichneten »Götzenbildern« zu opfern. Diese sich offen gegen das allgemeine Sozialverhalten abgrenzende Haltung brachte ihnen schnell die Beschuldigung ein, sich umstürzlerisch zu betätigen. Die Erfolge des Kaisers beschäftigten sie weniger als der Sieg ihres Gottes; und vielleicht scheinen ihnen die der Pax Romana drohenden Gefahren auch schon das Kommen der »Königsherrschaft«, die sie so ungeduldig erwarten, anzukündigen ...

Kurz gesagt sind die Christen dazu ausersehen, als Sündenbock zu dienen. Es fängt damit an, dass man ihnen das Betreten der Bäder und der beiden Foren verbietet. Dergestalt offiziell einer allgemeinen Verfolgung durch die Volkswut ausgeliefert, werden diejenigen, denen es nicht gelingt, sich zu verstecken, »beschimpft, geschlagen, auf den Boden geworfen, beraubt und gesteinigt«. Aber dieses Pogrom wird sich nicht zu einem allgemeinen Aufstand auswachsen dürfen. Die Gewalt muss bei dem Gesetz, das heißt bei den herrschenden Klassen bleiben. Der Polizeidienst in den drei Gallien, eine ruhige Provinz, verglichen mit den anderen, wird allein von den 600 Mann der in Lyon stationierten XIII. Stadtkohorte versehen. Ihr Anführer hat die Verhaftungen vorzunehmen, und daher sind die festgenommenen Christen auch in seiner Kaserne eingekerkert. Das Verhör spielt sich in aller Öffentlichkeit ab, unter Einschluss der Folterszenen versteht sich. Die Römer als erfahrene Massenpsychologen wissen genau, dass das Schauspiel der Folterung immer zu Buche schlägt. Es gibt keine zutreffendere Liturgie zu Ehren der Machthabenden als diese überlegt durchgeführte, fortschreitende Zerstückelung des Körpers des dafür ausersehen Opfers ...

Endlich kommt der Zeitpunkt der Veranstaltung im Amphitheater. Das ist der Höhepunkt des Schauspiels. Mit den Namen und Adressen, die man auf der Folter herausgequetscht hat, und mit Hilfe einiger Denunziationen von missgünstigen und neidischen Nachbarn kann man mit gut hundert Christen rechnen. Unter ihnen auch Frauen! Besonders die Sklavin Blandina (»die Liebreizende«) ist Gegenstand spezieller »Zuwendungen« ... Man zieht das Vergnügen in die Länge.

Während mehrerer Tage bemüht man sich, immer neue Martern zu erfinden, ohne übrigens der Unglücklichen ein anderes Geständnis entlocken zu können als den beständig wiederholten Satz: »Ich bin Christin, wir haben nichts Böses getan!« Zum Abschluss wirft man sie, zusammengeschnürt in einem Netz, einem wilden Stier vor. Sie spürt nichts mehr, denn sie hatte den Schmerz überstanden. Sie hatte auch den Tod überstanden. Nun erwartete sie – wie einer ihrer Gefährten niederschrieb – »das, woran sie immer geglaubt hatte: Sie sprach mit Christus.«

Du sorgtest dich wohl kaum um deinen Körper, Blandina, und du beklagtest nicht deine Seele. Du warst ganz, mit Leib und Seele, diesem Jesus ergeben, mit dem du sprachst wie mit einem Freund. Das Leben war für dich kein Spiel, wie jene zu sagen beliebten, die alle Trümpfe in der Hand halten. Wenn man es dir nicht grausam entrissen hätte, würdest du gerne dein Leben lange gelebt haben, um in es so viel wie möglich von jener Zärtlichkeit zu legen, die dein Name versprach. Du verlangtest nur danach, dir die so wunderbare Formulierung deines Bruders Irenäus zu eigen zu machen: »Denn Gottes Ruhm ist der lebendige Mensch!«

Aus: Michel Clévenot, Die Christen und die Staatsmacht, Fribourg 1988, S. 71-74 (Auszüge).

✱

konstantin hat das christentum zur staatsreligion erhoben, zahllose kirchen gebaut, die priester besoldet und zu beamten gemacht, und damit die neue lehre in das funktionssystem des staates integriert, wie ehedem die religion der römer bestandteil des staates war. der gott der römer ist der der herrschaft, deshalb wie im orient ein gott der herrlichkeit. zu diesem gott passte nicht mehr der gott aus galiläa, der ein gott der einzelnen war, der kleinen, verstossenen, verlassenen, ein gott der güte, freundschaft und hilfe. das christentum hat sich einen staatsgott aufdrängen lassen, denn wo herrlichkeit ist, da ist auch demut, ist auch der von oben herab regierbare untertan. dann ist der gott der christen von heute keineswegs ein hindernis für bischöfe, gemeinsamkeiten zwischen faschismus und kirche zu bedenken. so ist es. wir glauben an einen staatsgott, an einen obrigkeitsgott, an einen herrschaftsgott, weil wir noch mitten im erbe des römischen reiches stehen.

otl aicher, gespräch mit sophie scholl, aus: otl aicher, innenseiten des kriegs, frankfurt 1985, S. 67.

Abb. 1: Alexamenos betet seinen Gott an, 2. Jh. / Spottkruzifix aus der Pagenschule auf dem Palatin in Rom, Wandritzung zwischen 238 und 244 n.Chr., Museo Kircheriano, Rom, © der Vorlage: akg-images GmbH, Berlin.

Die guten und die schlechten Hirten

Herrschaftskritik statt pastoraler Idylle

Die ersten christlichen Symbole, die in den Versammlungsräumen der frühen Christenheit und als Wandzeichnungen in den Katakomben zu finden sind, waren Symbole des Lebens – unter ihnen fällt vor allem die Darstellung Jesu als des guten Hirten auf, der ein Lamm auf seinen Schultern trägt. Dieses Bild vom Hirten und der Herde zieht sich durch die Gesamtheit der biblischen Überlieferung. Das ist kein Wunder, denn der jüdische wie der aus ihm entstandene christliche Glaube hat seine Wurzeln in der Wüste, in der Nomadenkultur, der Lebenswelt umherziehender Hirten, von deren Verantwortung und Fürsorge das Wohl der Herde und damit des gesamten Stammes abhing. In späteren Zeiten, im Kulturland, wurde das Hirtenbild auf die Könige übertragen, von denen man eine solche Fürsorge ebenfalls erwartete oder zumindest erhoffte. In diesem Zusammenhang wird nicht von ungefähr die Symbolgestalt des israelitischen Königtums – David – als ein Hirtenjunge beschrieben, der dann, zum König aufgestiegen, zu einer solchen Idealgestalt wird, wenn auch mit großen Einschränkungen, die die Bibel nicht verschweigt.

Das Bild vom guten Hirten hat sich tief in unser Glaubensgedächtnis eingetragen. Es ist ein utopischer Entwurf des Friedens und des Bewahrt-Werdens, der der erfahrenen Welt und der erlebten Wirklichkeit ein Hoffnungsbild entgegensetzt: »Schafe können sicher weiden, wo ein guter Hirte wacht«, heißt es in einer Kantate von Johann Sebastian Bach, und die Töne dazu sind so himmlisch, dass man etwas von dem Frieden des Paradieses erahnt. In der Konfrontation mit der Wirklichkeit kommt dieses Bild vom guten Hirten freilich bald an eine

Grenze, wird die pastorale Idylle fragwürdig, die hier, wie auch in manchen Kirchenliedern – »weil ich Jesu Schäflein bin«! – so ungebrochen besungen wird. Und es ist ja in der Tat die Frage zu stellen, ob hier nicht eine falsche, eine illusorische Idylle ausgemalt wird. Seit den Tagen des römischen Dichters Vergil gibt es schließlich den Trend zur Idealisierung des ländlichen und insbesondere des Hirtenlebens, und immer wieder entstanden in der Malerei jene bukolischen Bilder, an denen sich zivilisationsmüde Stadtmenschen gerne erfreuen. In gewisser Weise sind die Lieder und Bilder vom Hirten und seinen Schafen in dieser Vorstellung von einer ländlichen Idylle gefangen, die von der harten Realität des Landlebens und insbesondere des Hirtenlebens nichts erahnen lässt. Aber davon will ja auch heute kaum jemand etwas wissen, der, aus dem Alltagsstress fliehend, zwischen den sanften Hügeln der Toskana eine Schafherde erblickt und gerührt seufzt, dass hier die Welt noch heil sei.

Abgelöst von der Realität des Hirtenlebens und fernab von der Lebenswirklichkeit seiner Herde bleiben die Texte und Bilder vom guten Hirten in der bukolischen Landschaftsmalerei stecken und gaukeln eine Traumwelt vor, die ausschließlich das Produkt unserer Wünsche und Defizite ist. Dann aber werden sie zum Ausdruck der Regression, zur Fluchtbewegung aus der Realität in die einfache ländliche Idylle, die wir so gerne hätten in einer undurchsichtig gewordenen Welt.

Dennoch bleibt das Bild vom guten Hirten aus den Anfängen menschlicher Erfahrungen, das in der hebräischen Bibel, in der jüdischen prophetischen Überlieferung und den Psalmen bewahrt und aktualisiert worden ist, ein unverzichtbares Gegenbild. Die Rede vom guten Hirten ist in der jüdischen und christlichen Tradition zugleich Metapher für die Fürsorge Gottes als auch für die befreiende und heilende Praxis des Messias Jesus, und damit Rede von dem, was unser aller Leben birgt und trägt. Die Botschaft von Getragen-Werden und Geborgen-

Sein, die Vermittlung des Urvertrauens in die Leben gebende und erhaltende Macht Gottes, die Vision von einer Welt der Fülle und der Gerechtigkeit sind das Beste, was Menschen für ihren Weg durch das Leben mitgegeben werden kann. Aber es sind nur dann Bilder zum Leben, wenn sie mit dem wirklichen Leben zu tun haben. Trügerische Traumwelten sind keine wirksamen Gegenwelten zu einer vielfach mangelhaften Realität. Die biblischen Texte, die vom Hirten und der Herde reden, haben diese Realität jedenfalls immer mit im Blick. Indem sie die erfahrene Wirklichkeit mit dem Bild von dem guten Hirten konfrontieren, gewinnen die Aussagen über den Hirten und die Herde gegenüber dieser Wirklichkeit kritisches Potential und verändernde Kraft.

Unser Bild vom guten Hirten ist von verschiedenen biblischen Texten geprägt, unter denen wiederum der Psalm 23 eine herausragende Stellung einnimmt. Dort ist von der grünen Aue und von frischem Wasser die Rede, doch auch von den weniger lieblichen Straßen des Lebens, von dem finsteren Tal, und davon, dass man Wegweisung, Trost und Hilfe braucht. Von Konflikten ist die Rede, von der heilvollen Zuwendung Gottes auch in der Bedrängnis: »Du bereitest vor mir einen Tisch im Angesicht meiner Feinde.« In der kraftvollen und poetischen Übersetzung Martin Luthers ist dieses Gebet Israels zum Trostpsalm schlechthin geworden, gerade auch deshalb, weil er keine falsche Idylle suggeriert. In vielen Fällen ist der Psalm 23 die letzte noch lebendige Verbindung vieler Menschen zur biblischen Botschaft und dem Glauben der Kirche: Eine junge ledige Mutter aus der Obdachlosensiedlung erbat ihn von sich aus als Tauftext für ihr Kind. »Der Herr ist mein Hirte« sei das Einzige, was ihr aus dem kirchlichen Unterricht in Erinnerung geblieben sei. Das habe ihr immer geholfen, wenn sie meinte, sie könne nicht mehr weiter.

Obwohl durch einen einzelnen Beter vorgetragen, wird im Psalm 23 Jahwe, der Gott und »Hüter« Israels angesprochen, und die Hoffnungen, die in ihm zum Ausdruck gebracht werden, sind nicht nur die des einzelnen Beters, sondern die Hoffnungen des vielfach bedrängten und gefährdeten Volkes Israel. Zugleich wird in diesem Gebet deutlich, dass die Fürsorge des Hirten sich nicht auf die guten Gaben, Weide und Wasser, beschränkt, sondern ebenso die Weisung der »rechten Straße« einbezieht. Die Bitte um Trost und Hilfe ist untrennbar verbunden mit dem Bewusstsein, dass die Weisung Gottes, die Tora, den Weg der Gerechtigkeit weist, den zu gehen der Einzelne wie das ganze Volk aufgefordert ist. Dass dieser Weg der Gerechtigkeit auch in die Gefährdung führen kann, ist die Erfahrung der leidenden Gerechten in Israel selbst wie auch die Erfahrung des verfolgten Gottesvolkes. Insofern ist der Psalm 23 eingebettet in eine umfassende Erfahrung persönlicher und gesellschaftlicher Wirklichkeit und enthält neben der individuellen Hoffnung auf Heil auch die Vision einer Gemeinschaft, in der der Hirte und die Herde nach Recht und Gerechtigkeit trachten.

Diese Dimension des Psalms 23 wird auf dem Hintergrund eines anderen Textes aus dem ersten Testament unmittelbar deutlich. Das Bild von Jahwe, dem guten Hirten Israels, ist ein kritisches Gegenbild zu den Königen sowohl in Israel als auch in den umliegenden Königreichen der antiken Welt, die den Hirtentitel beanspruchen, ihr Hirtenamt aber missbrauchen. Im Prophetenbuch Ezechiel werden die schlechten Hirten im Namen Gottes angeklagt:

»So spricht Jahwe, der Gott Israels: Wehe den Hirten Israels, die sich selbst weiden! Sollen die Hirten nicht die Herde weiden? Aber ihr esst das Fett und kleidet euch mit der Wolle und schlachtet das Gemästete, aber die Schafe wollt ihr nicht weiden. Das Schwache stärkt ihr nicht und das Kranke heilt ihr nicht, das Verwundete bindet ihr nicht, das Verirrte holt ihr nicht zurück und das Verlorene sucht ihr nicht; das Starke aber tretet ihr nieder mit Gewalt. Und meine Schafe sind zerstreut, weil sie keinen Hirten haben und sind allen wilden Tieren zum Fraß geworden und zerstreut ... So wahr ich lebe, spricht Gott der Herr: weil meine Schafe zum Raub geworden sind und meine Herde zum Fraß für alle wilden Tieren, weil sie keinen Hirten hatten und meine Hirten nach meiner Herde nicht fragten, sondern die Hirten sich selbst weideten ... Siehe, ich will ein Ende damit machen, dass sie Hirten sind, und sie sollen sich nicht mehr selbst weiden. Ich will meine Schafe erretten aus ihrem Rachen, dass sie sie nicht mehr fressen sollen.« (Ez 34,2-5.8-10)

Der Hirte, der in Psalm 23 beschrieben wird, ist also das positive Gegenbild zu der betrüblichen Realität der Hirten, »die sich selber weiden«, die ihr Hirtenamt missbrauchen zur Mehrung von Macht und Reichtum, die das Land verwüsten und das Volk ausnehmen. Jahwe, der wahre Hirte Israels, steht damit im Gegensatz zu den schlechten Hirten, dem König und seinem Machtapparat, und der Prophet Ezechiel gibt der Hoffnung der Untertanen Ausdruck, dass Gott ihrer Herrschaft ein Ende bereiten und selbst das Zepter in die Hand nehmen wird: »So spricht Gott der Herr: Siehe, ich will mich meiner Herde selbst annehmen und sie suchen ... Ich will sie auf die beste Weide führen und auf den hohen Bergen Israels sollen ihre Auen sein.« (Ez 34,11+14) Das Bild von Gott als dem Hirten Israels gehört damit in die herrschaftskritische Auseinandersetzung der Prophetie mit dem Königtum, in den Gegensatz von Jahwerecht und Königsrecht, der die gesamte biblische Überlieferung in den Königsbüchern und in den Schriften der großen Propheten durchzieht. Während die im zweiten und dritten Buch Mose beschriebene Sozialordnung tendenziell auf Gleichheit und Gerechtigkeit in Israel hinzielt und mit dem Hinweis auf den Herrschaftsanspruch Jahwes die Herrschaft von Menschen über Menschen, Natur und Boden einschränkt, beschreibt der königskritische Text im Buch Samuel in Form einer prophetischen Vorausschau die Realitäten Israels unter der Herrschaft des Königs: »Eure Söhne wird er holen und sie für sich bei seinen Wagen und Pferden verwenden und sie werden vor seinem Wagen herlaufen ... und sie müssen ihm seinen Acker bearbeiten und seine Ernte einsammeln, und seine Kriegswaffen machen und was zu seinem Wagen gehört. Eure Töchter aber wird er nehmen, dass sie Salben bereiten, kochen und backen. Eure besten Äcker und Weinberge und Ölgärten wird er nehmen und seinen Höflingen und Beamten geben. Dazu von euren Kornfeldern und Weinbergen wird er den Zehnten nehmen und seinen Kämmerern und Großen geben ... Von euren Herden wird er den Zehnten nehmen und ihr müsst seine Sklaven sein.« (1. Sam 8,11-17)

Hirten, die sich selber weiden! Wie die Herrschaft einer kleinen Schicht von Privilegierten die Mehrheit des Volkes in Armut stürzt, ist in beeindruckender Konkretheit im Buch des Propheten Amos nachzulesen. Der Prophet Ezechiel beschreibt das gleiche Phänomen mit dem Bild von der vernachlässigten Herde: die Leistungsstarken werden ausgebeutet, die sozial Schwachen werden ausgegrenzt. In einem Gesellschaftssystem, in dem der Profit herrscht und die Sozialsysteme zusammenbrechen, sind die Menschen verstreut wie Schafe, die keinen Hirten haben. Es ist diese Entsolidarisierung, die den Gemeinschaftsverband Israel sprengt und immer mehr Menschen zu Opfern macht, zum Fraß für wilde Tiere. Wo die Herrschenden ihr Hirtenamt missbrauchen, geht die Herde vor die Hunde.

Angesichts dieser verheerenden Realität werden die Propheten Israels nicht müde, auf das Gericht, den Untergang einer Gesellschaft hinzuweisen, die jeden Maßstab für Recht und Gerechtigkeit verloren hat. Zugleich kündigen sie einen neuen Herrscher an, der in Stellvertretung Gottes handeln und nicht seine eigene Herrschaft, sondern die Herrschaft Gottes aufrichten wird. Dieser neue König, der »Gesalbte« Jahwes, der Messias, wird bei Ezechiel entsprechend seiner Hirtenmetaphorik als der neue, gerechte Hirte beschrieben: »Ich will ihnen einen einzigen Hirten erwecken, der sie weiden soll, nämlich meinen Knecht David. Der wird sie weiden und soll ihr Hirte sein, und ich, der Herr, will ihr Gott sein, aber mein Knecht David soll der Fürst unter ihnen sein; das sage ich, der Herr.« (Ez 34,23f.) Hier also ist bereits der Messias als der »gute Hirte« Israels im Blick. Dabei denkt Ezechiel noch an einen guten und gerechten königlichen Herrscher aus dem Haus Davids, einen Herrscher, der sein Hirtenamt nicht missbraucht, der die Herde Israel weidet und nicht sich selber. Diese Hoffnung auf den gerechten König scheint der Prophet Micha nicht zu teilen. In einer ähnlichen, wenngleich in den Konsequenzen radikaleren Übertragung des Hirtentitels auf den Messias steht der Gesalbte und Gesandte Gottes auch bei Micha in der Tradition Davids – jedoch nicht des Jerusalem-David, sondern des Bethlehem-David: »Und du, Bethlehem Ephrata, die du klein bist unter den Städten in Juda, aus dir soll mir der kommen, der in Israel Herr sei, dessen Ausgang von Anfang und von Ewigkeit her gewesen ist ... Er aber wird auftreten und weiden in der Kraft des Herrn und in der Macht des Namens des Herrn, seines Gottes. Und sie werden sicher wohnen; denn er wird zur selben Zeit herrlich werden, so weit die Welt ist. Und er wird der Friede sein.« (Micha 5,1.3-4) Der Messias soll also den Hirten David aus Bethlehem beerben, den David-gegen-Goliath-David, nicht den König David, der, einmal auf dem Königsthron, doch auch wieder regiert hat wie ein orientalischer Potentat. Damit ist das Bild von dem Messias, der der Hirte und nicht der König Israels sein soll, alles andere als eine bukolische Idylle. Es ist Ausdruck einer vernichtenden prophetischen Kritik am Jerusalemer Königtum und darüber hinaus an jeder Herrschaft, die ihr eigenes Recht an Stelle der Gerechtigkeit Gottes durchzusetzen trachtet.

Die schmerzliche Erfahrung, dass eine grundlegende Veränderung der Verhältnisse zu mehr Gerechtigkeit hin offensichtlich nicht von oben möglich ist, lässt in der prophetischen Tradition immer öfter den Gedanken aufkommen, dass der Messias von unten kommen muss, um dem Gott Israels sein Recht zu lassen, dass nur der gerechte Hirte Frieden und Gerechtigkeit für Israel bringen kann. Zugleich wird eine neue Dimension deutlich: der Messias, der auf königliche Macht verzichtet, wird das Heil nicht nur für Israel bringen, sondern der gesamten Welt. Dabei ist die Herstellung des messianischen Schalom nicht allein das Werk des Messias. Das Volk Gottes wird gleicher Weise daran erinnert, wie der Weg zum Frieden mit Gott und den Menschen beschritten werden kann: »Es ist dir gesagt, Mensch, was gut ist, und was der Herr von dir fordert, nämlich Gottes Gebote halten und Liebe üben und demütig sein vor deinem Gott.« (Micha 6,8) In dieser Unterstellung unter die Weisung und Herrschaft Gottes werden Israel und der Messias, der von Israel ausgeht, zum Segen für alle Völker und zum Heil der Welt.

Schon früh ist das Bild von dem guten Hirten auf Jesus übertragen worden, in dem die christliche Gemeinde den von den Propheten erhofften und verheißenen Messias erkannte. Entsprechend finden sich viele Motive aus der Weissagung des Ezechiel in den Evangelien wieder. In unterschiedlicher Weise wird das Motiv des guten Hirten aufgenommen, der das Verlorene sucht, wie es bei Ezechiel heißt: »Ich selbst will meine Schafe weiden, und ich will sie lagern lassen, spricht Gott der Herr. Ich will das Verlorene wieder suchen und das Verirrte zurückbringen und das Verwundete verbinden und das Schwache stärken ...«(Ez 34,15f.) In ähnlicher Weise heißt es in einem Jesuswort, das von Matthäus und Lukas fast gleichlautend überliefert wird: »Wenn ein Mensch hundert Schafe hätte und eins unter ihnen sich verirrte: lässt er nicht die neunundneunzig auf den Bergen, geht hin und sucht das verirrte?« (Mt 18,12par) In diesem Herrenwort, das aus der ältesten Jesusüberlieferung, aus der Spruchquelle stammt, wird deutlich, wie sehr die Jesusgemeinde die Praxis Jesu in Wort und Tat als die Offenbarung des messianischen Hirten verstanden und gedeutet hat.

Das Bild vom »verlorenen Schaf«, das der gute Hirte sucht und zur Herde zurückträgt, ist seitdem ähnlich beliebt und geläufig wie das Bild des »guten Hirten«. Dabei wird das verlorene Schaf in der Regel ausschließlich als der verirrte Sünder gesehen, der durch die Gnade Gottes gerettet und in die Gemeinde Jesu zurückgebracht wird. In allen biblischen Erzählbüchern und in bester pädagogischer Absicht wird die Geschichte von dem ungehorsamen Schaf erzählt, das eigene Wege gehen will, sich hoffnungslos verirrt und, erbärmlich und reumütig blökend, vom guten Hirten wiedergefunden und gerettet wird. In der kirchlichen Verkündigung wird daraus eine Parabel über die Sündhaftigkeit menschlichen Autonomiestrebens und das Angebot der vergebenden Gnade Gottes. Diese Version wird freilich ausschließlich im Lukasevangelium verfolgt. Dort wird das Jesuswort in den Zusammenhang von Jesu Zuwendung zu den Zöllnern und Sündern gestellt: »Ich sage euch: Also wird auch Freude im Himmel sein über einen Sünder, der Buße tut, mehr als über neunundneunzig Gerechte, die der Buße nicht bedürfen.« (Lk 15,7) Damit hat jedoch Lukas den ursprünglichen Sinn des Bildes vom guten Hirten, der das Verlorene sucht, schon entscheidend verändert. Bei Ezechiel wie in dem in jüdischer Tradition stehenden Evangelium des Matthäus geht es nicht um die Sündenverlorenheit des Einzelnen, sondern um die Perspektive der Schwachen und Verlorenen in der gesellschaftlichen Realität Israels. Hier ist das verlorene Schaf das Kleine und Geringe, das nicht verachtet werden darf, weil diese Kleinen und Geringen die Ersten im Himmelreich sein werden. »Also ist es auch bei eurem Vater im Himmel nicht der Wille, dass eins von diesen Kleinen verloren werde.« (Mt 18,14) Es geht in dieser Tradition also um nichts Geringeres als um die Frage nach einer wirklich menschlichen Gesellschaft, die dem Willen und der Weisung des himmlischen Vaters entspricht. Es ist eine Gemeinschaft, in der die Schwachen gestärkt, die Verirrten gesucht und die Kleinen nicht verachtet werden.

Zu dieser Perspektive des Matthäusevangeliums gehört ein weiterer Text, in dem Matthäus als einziger Evangelist Bezug nimmt auf die weiteren Aussagen im Buch des Propheten Ezechiel. Dort heißt es im Zusammenhang der Klage über die ungerechten Hirten Israels: »Aber zu euch, meine Herde, spricht Gott der Herr: Siehe, ich will richten zwischen Schaf und Schaf und Widdern und Böcken. Ist's euch nicht genug, die beste Weide zu haben, dass ihr die übrige Weide mit Füßen tretet, und klares Wasser zu trinken, dass ihr auch noch hineintretet und es trübe macht? ... Siehe, ich will selbst richten zwischen den fetten und den mageren Schafen; weil ihr mit Seite und Schulter drängtet und die Schwachen von euch stießt mit euren Hörnern, bis ihr sie alle hinausgetrieben hattet, will ich meiner Herde helfen ... und ... richten zwischen Schaf und Schaf.« (Ez 34,17-22) Dieses Wort ist zweifellos die Vorlage für die Geschichte vom endzeitlichen Gericht, die in Matthäus 25 überliefert wird. Dort trennt der Menschensohn die Menschen aller Völker wie der Hirt die Schafe von den Böcken. Die Erben des Himmelreiches sind diejenigen, die die Hungrigen gespeist, die Durstigen getränkt, die Fremden aufgenommen, die Nackten bekleidet, die Kranken und Gefangenen besucht haben, und zwar ohne den Nachweis der Zugehörigkeit zu einer bestimmten Religion oder Konfession: »Wahrlich, ich sage euch: Was ihr getan habt einem unter diesen meinen geringsten Brüdern, das habt ihr mir getan.« (Mt 25,40) Hier wird deutlich, dass in der jüdischen Prophetie wie in der jüdisch-messianischen Tradition nicht nur die Verfehlungen der Herrschenden der Kritik unterzogen werden, sondern auch die Art und Weise, wie sich eine Gesellschaft selbst versteht und organisiert. Dass das Himmelreich dort beginnt, wo der gnadenlose Konkurrenzkampf aufhört und eine Gemeinschaft entsteht, die die Solidarität mit den Schwachen zum ersten Gebot erhebt, ist ein Gedanke, der nicht nur in der Gerichtsvision, sondern auch in der Bergpredigt, der »Magna Charta des Reiches Gottes« (Leonhard Ragaz), eine Rolle spielt: »Selig sind die Sanftmütigen, denn sie werden das Erdreich besitzen ... Selig sind die Barmherzigen, denn sie werden Barmherzigkeit erlangen.« (Mt 5,5+7) Die Predigt von dem gerechten Hirten stellt nicht nur die Regierungsweise der Herrschenden in Frage, sondern auch die Maßstäbe und Werte, nach denen Menschen in ihrem gesellschaftlichen und sozialen Umfeld ihr Leben ausrichten. Den ersehnten Zustand des Friedens und der Gerechtigkeit, biblisch gesprochen den messianischen Schalom, gibt es eben nur für alle gemeinsam oder gar nicht.

Das wird schließlich in einem letzten zu erwähnenden Text verdeutlicht, der im Markusevangelium eine zentrale Rolle spielt und in dem ebenfalls Bezug genommen wird auf die Hirtenrede im Ezechielbuch. Dort heißt es zu Beginn der Erzählung von der Speisung der Fünftausend, dass Jesus Mitleid mit dem Volk hat, »denn sie waren wie Schafe, die keinen Hirten haben«. (Mk 6,34) Auch hier knüpft die frühchristliche Überlieferung an die prophetische Tradition an. Die Herrschenden in Israel sind auch zur Zeit des Jesus aus Nazareth Hirten, »die sich selbst weiden«, und die Gesellschaft ist zerstört durch Entsolidarisierung und tiefgreifende soziale Konflikte. Für die Jesusgemeinde, die das Speisungswunder überliefert, geht es auf diesem Hintergrund nicht um Vermehrungszauber und Wunderkräfte, sondern um die Überzeugung, dass Jesus, der Messias und gerechte Hirte, das Prinzip des Teilens einführt, aus dem die Fülle kommt. Diese Ökonomie des Teilens ist mehr als die Fürsorge für die Armen. Es ist das Modell einer alternativen Wirtschafts- und Sozialordnung, die zeichenhaft in der messianischen Gemeinde praktiziert werden soll. Das Verirrte suchen und das Verlorene zurückbringen, die Schafe, die keinen Hirten haben, zu sammeln und zu einer neuen Gemeinschaft zusammen zu holen ist das Programm einer Gemeinde, die wie der Messias Jesus die Perspektive von unten, die Sicht der Opfer einnimmt und die Traditionen der Befreiung in den sozialen und politischen Konflikten ihrer Zeit immer neu zu buchstabieren lernt.

Eine eigentümliche Wendung erfährt das Bild vom Hirten und der Herde im Evangelium des Johannes. Dort wird der gute Hirte vor Augen geführt, der die Seinen kennt, für sie eintritt und sein Leben für die Schafe gibt. Alle anderen, die sich der Herde bemächtigten, waren »Diebe und Räuber«: »Ein Dieb kommt nur, dass er stehle, würge und umbringe. Ich bin gekommen, damit sie das Leben und volle Genüge haben sollen.« (Joh 10,10) Umgekehrt wird von den Schafen gesagt: »Die Schafe folgen ihm nach; denn sie kennen seine Stimme.« (Joh 10,4) In dem Hirten, der sein Leben hingibt, beschreibt die Jesusgemeinde der Johannestradition einen Messias, der sich nicht nur darin als guter Hirte erweist, dass er die Herde gerecht weidet, sondern darin, dass er für die Seinen in den Tod geht. Daher ist der gute Hirte im Johannesevangelium zugleich das »Lamm Gottes, das der Welt Sünden weg trägt« (Joh 1,29), wie Johannes der Täufer beim ersten Auftreten Jesu programmatisch verkündigt. Auch hier wird an eine prophetische Tradition angeknüpft, die die Vorstellung von einem Messias von unten zur letzten Konsequenz getrieben hat. In dem Lied vom Gottesknecht in Jesaja 53 ist von dem gerechten »Knecht Gottes« die Rede, der »wie ein Schaf zur Schlachtbank geführt wird«. (Jes 53,7) Dass das stellvertretende Leiden des Gerechten den Bund zwischen Gott und seinem Volk bewahrt, ist eine alte jüdische Vorstellung. Die messianische Gemeinde nimmt diesen Gedanken auf, um dem Kreuzestod Jesu einen Sinn zu geben: Aus dem guten Hirten wird das Opferlamm, der leidende Knecht Gottes, der gerade in dem stellvertretenden Leiden und Sterben als der wahre und gerechte Hirte erkannt und von Gott bestätigt wird. In dieser doppelten Bestimmung liegt noch ein weiteres Geheimnis des Messias Jesus verborgen: Er ist nicht nur der Hirte, der das Schwache, Verirrte und Verlorene sucht; der Gekreuzigte ist nun selber schwach und verloren, er begibt sich dadurch zu den Ausgegrenzten, dass er selbst ein Ausgegrenzter wird. Der gute Hirte selbst wird ein Nackter, Hungriger, Dürstender, Fremder und Gefangener und damit zum Bruder aller um Leben und Würde kämpfenden, Heimat suchenden, vielfach ausgegrenzten Menschen an den Rändern dieser Erde. Alle Evangelien sind sich darin einig, dass der Messias Jesus nirgends anders als in seinem Leiden, seine Macht nirgends anders als in seiner Ohnmacht erkannt wird. Nur der Leidende und Ausgegrenzte lässt Gott die Herrschaft, anstatt sich selber ihrer zu bemächtigen. Indem aber der erniedrigte und ausgegrenzte Messias sein Leben für die Menschen gibt, wird er »eins mit dem Vater«, erhöht und bestätigt als der endzeitliche gute Hirte, der wie sein Vater im Himmel die Herde hütet und weidet. Dieses Einswerden des Sohnes mit dem Vater ist keine Wesenseinheit, sondern eine Praxis-Einheit: Weil Jesus der Hirte ist, der sein Leben lässt, ist er der erhöhte Messias. Indem er selber zum Ausgegrenzten wird, kann er die Verlorenen und Ausgestoßenen einholen und eingemeinden.

Was bedeutet nun aber dieses Bild von Jesus, dem guten Hirten, für die christliche Kirche und Gemeinde? Zunächst einmal, dass diejenigen, die sich als Pastoren und Bischöfe

Hirten oder gar Oberhirten nennen, an der hingebenden Praxis Jesu orientiert sein sollen und nicht an Macht und Machterhalt. Sie könnten sonst, wie es bei Johannes heißt, zu »Mietlingen« werden, die die Herde verlassen oder in die Irre führen, wie es die Barmer Theologische Erklärung der Bekennenden Kirche angesichts deutschchristlicher Irrlehren und »Heil Hitler« rufender Bischöfe treffend formuliert. Dietrich Bonhoeffer hat in seiner Taufansprache aus dem Gefängnis aus diesem Versagen der Kirche, aber auch in Kritik an dem nur innerkirchlichen Kampf der Bekennenden Kirche den Schluss gezogen: »Unsere Kirche, die in diesen Jahren nur um ihre Selbsterhaltung gekämpft hat, als wäre sie ein Selbstzweck, ist unfähig, Träger des versöhnenden und erlösenden Wortes für die Menschen und für die Welt zu sein. Darum müssen die früheren Worte kraftlos werden und verstummen, und unser Christsein wird heute nur in zweierlei bestehen: im Beten und im Tun des Gerechten unter den Menschen.«[22]

In dieser Perspektive wird nun auch die Gemeinde Jesu als Ganze aufgefordert, sich nicht selbst zu pflegen, sondern »Kirche für andere« zu sein, in der Nachfolge Jesu sich nicht in den Zentren der Macht zu etablieren, um diese religiös auszustaffieren, sondern in beunruhigender Weise an der Basis und in tröstlicher und solidarischer Weise an den Rändern präsent zu sein. Die Schafe, die den Hirten kennen und seine Stimme hören und ihm folgen, sind die Nachfolger(innen) Jesu, die wissen, dass sie einen anderen Herrn haben und andere Wertmaßstäbe: «Die Gestalt des Gerichteten und Gekreuzigten bleibt einer Welt, in der der Erfolg das Maß und die Rechtfertigung aller Dinge ist, fremd und im besten Fall bemitleidenswert. (...) Die Gestalt des Gekreuzigten setzt alles am Erfolg ausgerichtete Denken außer Kraft.«[23]

Es kann bei der Verkündigung von dem guten Hirten nicht nur um eine Reihe von Wohlfühlnummern gehen, sondern auch darum, Wegweisung zu erfahren, zu lernen, andere aufzunehmen, anzunehmen und zu achten, um das Lernziel Solidarität gegen die »Jeder ist sich selbst der Nächste«-, »Rette sich wer kann«- und »Nach uns die Sintflut«-Mentalität. Wenn das Bild vom guten Hirten und seiner Herde ein positives Gegenbild zu dieser Wirklichkeit werden soll, dürfen die herrschafts- und gesellschaftskritischen Züge des biblischen Hirtenbildes nicht ersatzlos gestrichen werden. Wo aber das Bewusstsein, zu einem guten Hirten und in die Obhut eines anderen Herrn zu gehören, wachgerufen wird, können die Bilder und Texte vom guten Hirten zur kritischen Utopie werden: »›Schafe können sicher weiden, wo ein guter Hirte wacht.‹ – Wir lesen die Worte, hören Bachs tröstliche Melodie – und es entstehen Bilder von ganzem, heilem Leben mitten im bedrohten, fragmentarischen. Die Musik malt eine lichtdurchflutete Landschaft, in der ›universale Geschwisterlichkeit‹ möglich erscheint.«[24]

Zuletzt sei an Karl Steinbauer erinnert, den einsamen, eigenwilligen und streitbaren bayerischen Pfarrer der Bekennenden Kirche.[25] Seine Weihnachtspredigt aus dem Jahre 1943 brachte ihn wegen des Vorwurfs der »Zersetzung der Wehrkraft« vor das Kriegsgericht. Unter anderem wurde ihm vorgeworfen, die Herrschaft des in Bethlehem geborenen Messias völkerverbindend und versöhnend zu deuten. In diesem Zusammenhang brachte er das Bild von dem Messias, dem die Herrschaft auf die Schulter gelegt wird, in Verbindung mit dem Hirten, der das Schaf auf seinen Schultern trägt. Es überrascht und berührt, dass diese andere, gerechte Herrschaft des Messias für Karl Steinbauer schlicht in dem Lied »Weil ich Jesu Schäflein bin« ausgedrückt wird. Der Glaube, zu einem anderen Herrn zu gehören, der in seiner Niedrigkeit und Sanftmütigkeit gegen die Herren der Welt das letzte Wort behalten wird, hat ganz offensichtlich seine Kritikfähigkeit, Souveränität und Standfestigkeit nicht zuletzt seiner Kirchenleitung gegenüber begründet. Wie mögen die Worte des Liedes geklungen haben, als Karl Steinbauer sie vor dem Kriegsgericht zitierte:

»Weil ich Jesu Schäflein bin, freu' ich mich nur immerhin, über meinen guten Hirten, der mich wohl weiß zu bewirten, der mich liebt, der mich kennt, und bei meinem Namen nennt!«

*

Abb. 2: Christus als guter Hirte (frühchristliche Wandmalerei); © der Vorlage: akg-images GmbH / André Held, Berlin.

Die Botschaft von einem anderen Sieg und einem anderen Herrn!

Das Markusevangelium im Jahre 70

Die Stadt Rom feiert. Ein Triumphzug zieht durch die Straßen, viele Kilometer lang. Er wird veranstaltet zu Ehren von Kaiser Vespasian und seinem Feldherrn und späteren Nachfolger Titus, dem Bezwinger der aufständischen Judäer. Es ist das Jahr 70 n.Chr., der jüdische Krieg, der vier Jahre zuvor mit einem Aufstand gegen die römische Besatzungsmacht begann, ist zu Ende. Der Jerusalemer Tempel ist dem Erdboden gleich gemacht, die Tempelschätze werden im Triumph durch Rom getragen – so zeigt es uns der Triumphbogen des Titus bis heute –, die jüdischen Gefangenen werden als Sklaven vorgeführt, ihre Anführer öffentlich hingerichtet. Entlang der Ausfallstraßen Roms und in den Trümmern Jerusalems stehen unzählige Kreuze – am Ende sei das Holz knapp geworden, heißt es.

Für die Bewohner Roms gibt es ein Riesenfest. Es beginnt mit einem Gottesdienst, dem Opfer für die siegreichen Götter, der Huldigung für den Kaiser, den *Sohn Gottes,* und dem Jubel über das *Evangelium,* der frohen Botschaft vom Sieg der römischen Armee. Der Kaiser, der sich als Wohltäter und *Retter (Soter)* der römischen Welt feiern lässt, spendiert ein Festessen zur Feier des Sieges über die Judäer und ihren Gott, dessen Tempel in Trümmern liegt.[26]

Nicht alle Bürger Roms nehmen an diesem Spektakel teil, auch nicht an den Zirkusspielen, die sich als Abendunterhaltung anschließen. Sie versammeln sich heimlich, wahrscheinlich im Trastevere, dem Einwanderer- und Hafenviertel. Ein einfaches Griechisch wird gesprochen, das verstehen die meisten in dieser ersten globalisierten Welt des römischen Reiches rund ums Mittelmeer. In dieser kleinen Gemeinschaft von Juden und Nichtjuden glaubt und hofft man, dass der von Israel sehnlich erwartete Messias gekommen ist und dass mit ihm die neue Welt Gottes der Gerechtigkeit und des Friedens im Anbruch ist. Es ist ein kontrafaktischer Glaube, gegen allen Augenschein – denn, wie so viele andere aufständische Hoffnungsträger, hängt auch dieser Messias am Kreuz des Imperium Romanum. Er aber sei auferweckt worden, sagt man, und damit habe der Gott Israels begonnen, seine Schöpfung zu erneuern. Freilich ist davon noch nicht viel zu spüren. Die alten Mächte sind stärker denn je, und sie beanspruchen, als die heilbringende Leitkultur für die gesamte zivilisierte Welt zu gelten, der sich niemand ungestraft widersetzt. Die kleine Gemeinde des Messias Jesus in Rom hat das bereits in der ganzen Brutalität des Imperium Romanum erfahren müssen: Das Pogrom unter dem Schreckensherrscher Nero hatte sie bereits schwer getroffen. Das Kreuz des Messias Jesus ist auch ihr Kreuz geworden, sie haben es auf sich genommen in der Hoffnung auf auch ihre Auferweckung – vor allem aber, weil sie in der Nachfolge Jesu eine neue Lebensmöglichkeit erfahren haben, die sie nicht mehr verlieren, nicht mehr aufgeben wollten, eine Befreiungserfahrung in einer solidarischen Gemeinschaft, die neue Würde unter der Herrschaft eines anderen Herrn, das Glück der Barmherzigen, der Sanftmütigen und Gerechtigkeitssucher in einer Welt, in der der Mensch des Menschen Wolf ist, wie die römischen Philosophen feststellen.

In dieser Gemeinde, in ihrem einfachen »Küchengriechisch«, entsteht das erste, das Markusevangelium. Gegen die »gute Botschaft« vom kaiserlichen Sieg beginnt diese Schrift mit einer programmatischen Erklärung: Wir verkündigen eine andere gute Botschaft, von einem anderen Sieg, dem

Sieg des wahren Gottessohnes, das Evangelium von Jesus, dem Christus, dem Messias, dem wahren Retter der Welt, den Gott zu seinem Sohn erhöhte, weil er den Willen des Vaters tat. Ihm folgen heißt die Macht des Kaisers in Frage zu stellen, sich von ihr zu befreien, sie zu unterlaufen – Gegenkultur zu leben und aufzubauen gegen die Vergötzung von Macht und Gewalt, den menschenfreundlichen Geboten des wahren Gottes zu folgen im Sinne des Retters und Befreiers Jesus von Nazareth.

Das Evangelium nach Markus ist die erste Schrift, die vom Leben und Sterben des Messias Jesus erzählt. Wer Markus gewesen ist, weiß man nicht so genau, aber es ist auch nicht wirklich wichtig. Wie die anderen Evangelisten ist auch er kein Augenzeuge, er ist auch nicht der Verfasser des Evangeliums, sondern eine sicherlich führende Gestalt in der Gemeinde und in einem Redaktionskreis, der einzelne überlieferte Geschichten und Texte zu einem Ganzen zusammenfügt und als »Evangelium« gestaltet – als gute Botschaft, nicht als Biografie oder Reportage. Damit hat aber der Redaktionskreis um Markus ein neues »Genre« Evangelium geschaffen, andere werden es ihnen nachtun. In der dritten Generation und an unterschiedlichen Orten nehmen der Redaktionskreis um Matthäus und der Evangelist Lukas – von ihm weiß man, wer er ist – das Markusevangelium als Vorlage und erweitern es auf dem Hintergrund ihrer jeweils eigenen Tradition und unter Hinzunahme einer weiteren ihnen vorliegenden Schrift, der »Spruchquelle«. Die Abfolge der Erzählungen übernehmen sie jedoch von Markus, und damit auch seine programmatische Grundstruktur: das Wegmotiv, das Markus wählt, um die Botschaft von Jesus, dem Messias, durch einen »Weg Jesu« so zu beschreiben, dass dessen Bedeutung für die christliche Gemeinde auch außerhalb Palästinas deutlich wird. Es geht also nicht um Geografie, sondern vielmehr um Christologie.[27]

Im Markusevangelium beginnt der Weg Jesu in Nazareth in Galiläa und er geht von dort zunächst zu Johannes dem Täufer in den Süden des Landes. Nach der Gefangennahme des Täufers kehrt Jesus nach Galiläa zurück und gründet dort eine eigene Bewegung, lehrt und wirkt in Galiläa rund um den See Genezareth. Danach lässt Markus den Messias auch nach Syrien wandern und im »Heidenland« wirken, um deutlich zu machen, dass dieser Messias das Heil nicht nur für Israel gebracht hat. Die nächste Etappe führt den Messias hinauf nach Jerusalem, wo er eine grundsätzliche Auseinandersetzung mit dem Tempel führt. Es folgen die Geschichten von dem Leiden und Sterben Jesu in Jerusalem. Doch das ist nicht das Ende des Weges. Der Engel, der die Auferweckung des Gekreuzigten verkündet, schickt die Jünger(innen) zurück nach Galiläa: »Dort werdet ihr ihn sehen!«

Am Ende also heißt es: zurück zu den Wurzeln, an die Basis, weg von Jerusalem und zurück nach Galiläa. Dort geht die Bewegung Jesu weiter. Das ist erstaunlich, sind wir doch von Lukas her an das Bild der Urgemeinde in Jerusalem gewohnt. Doch die anderen Evangelisten, die noch mit dem Judentum verbunden sind, lassen die Ausbreitung des Evangeliums von Jesus, dem Messias, ausnahmslos in Galiläa beginnen. Das hat seinen Grund vor allem darin, dass sie viel existenzieller mit dem Untergang Jerusalems, mit dieser Katastrophe Israels befasst sind. Für sie ist das Ende Jerusalems und des Tempels auf dem Zion eine Parallele zum Ende der messianischen Bewegung zu Lebzeiten Jesu und zugleich der Abschied von einem triumphalistischen Messiasbild. Denn der Messias Jesus wurde in Jerusalem getötet und nicht auf den Thron Davids als irdischer Herrscher erhoben. Markus hat aus diesen beiden Katastrophen »die Konsequenzen gezogen. Die Bewegung muss umgekehrt werden: weg von Jerusalem, wo alles vernichtet wurde und ist, hin nach Galiläa, wo alles begann. Das ist mehr als ein bloßer Ortswechsel. Es ist Bekehrung, Umkehrung, politische Richtungsänderung.«[28] Was bleibt nach all dem als Zukunftsperspektive? »Die Tora und ihre Auslegung auf der einen, die Hoffnung auf die Wiedererrichtung des Zion auf der anderen Seite – das ist die Antwort der Synagoge auf die Verwüstung der Stadt. Es ist eine Antwort des Widerstandes gegen die Trostlosigkeit und Verzweiflung Zions. Die messianische Gemeinde, die Ekklesia, hat ebenfalls ihre Hoffnung. Sie besteht in dem kleinen Wörtchen *egerthe*, er wurde erweckt, und in ihrem Sendungsauftrag an alle Völker. In der Versammlung aller Völker, in der messianischen Gemeinde, wird sich erweisen, wer das letzte Wort redet – Titus oder seine Opfer. Beide Wege sind Wege der Hoffnung.«[29]

Die Fortsetzung des Weges Jesu und die Sendung zu allen Völkern gehen auch im Evangelium nach Matthäus und Johannes von Galiläa aus. Mit Markus sind sie sich einig, dass das Evangelium von Jesus, dem Messias, den Sieg des anderen Herrn verkündigt und damit in seiner Nachfolge einen anderen, einen widerständigen Weg durchs Leben weist. Wie aber lebt man Widerstand und Gegenkultur? Wie positioniert man sich in einer Welt, die ja immer noch konkrete Lebenswelt ist und nicht ein himmlisches Jerusalem? Und wie ist es zu erklären, dass das irdische Jerusalem, der Tempel Gottes, der Zerstörung anheimfiel? In zwei Kapiteln des Markusevangeliums versucht die Markusgemeinde eine Antwort darauf zu geben. Diese beiden Kapitel beschreiben drei Tage mit Jesus im Tempel. Sie beginnen mit dem Einzug Jesu in Jerusalem und der Reinigung des Tempels von den Händlern und Geldwechslern. Danach erfolgt eine lange Belehrung und Diskussion, in deren Verlauf das Wort Jesu über die Kaisermünze überliefert wird, das dann auch Matthäus und Lukas von Markus übernehmen. Dabei zeigt die seltsam anmutende Szenerie, dass es hier nicht nur um Geld und Steuern geht, sondern um das Bild des Kaisers auf der Münze. Es ist umschrieben mit dem Titel »Sohn Gottes« und begleitet vom ptolemäischen Adler, dem Sinnbild für den höchsten Gott Zeus/Jupiter. Trennt euch von diesem System, lässt Markus den Messias Jesus sagen, es geht nicht einfach um Geld, sondern darum, wem ihr die Macht über euch gebt. Und das gilt nicht zuletzt für den Tempel, der auch mit dieser »harten Währung« gute Geschäfte macht. Deshalb gibt es nämlich die Wechselstuben, die der Messias Jesus mit den Worten des Propheten Jeremia demolierte: Dieses Haus soll ein Haus des Gebetes sein, aber ihr habt eine Räuberhöhle daraus gemacht! Für die Markusgemeinde ist das die Erklärung für die Katastrophe, die den Tempel getroffen hat: Warum sollte Gott einen Tempel schützen, der kein Haus Gottes mehr ist, sondern, wie die heidnischen Tempel auch, die größte Bank der Provinz! Gebt dem Kaiser zurück, was ihm gehört, vor allem aber: gebt Gott, was er von euch fordert. Das ist die Grenze der Macht des Kaisers: Gottes Weisungen zu folgen, in der Gesamtheit der von ihm geschaffenen Welt, zu der auch Ökonomie und Politik, Recht und Gesellschaftsordnung gehören.

Keineswegs geht es um ein entspanntes Mit- und Nebeneinander von Kaiser und Gott, von Kirche und Staat. Pier Paolo Pasolini, der fromme anarchische Filmemacher, schrieb dazu: »Gib dem Kaiser, was des Kaisers ist, und Gott, was Gottes ist: eine Interpretation, in der die ganze Heuchelei und die Verirrungen konzentriert sind, die für die Kirche der Gegenreformation kennzeichnend waren. Das heißt, man hat – so ungeheuerlich das auch scheint – diesen offensichtlich radikalen, extremistischen, durch und durch religiösen Satz als gemäßigte und zynisch-realistische Bemerkung hingestellt. Es ist nämlich völlig undenkbar, dass Christus sagen wollte: Mach es möglichst jedem recht, geh politischen Scherereien aus dem Weg, versuch das Praktische des gesellschaftlichen Daseins mit dem Absoluten des religiösen Lebens zu verbinden, sieh zu, dass du stets zwei Fliegen mit einer Klappe schlägst usw. Vielmehr kann er damit – in konsequenter Übereinstimmung mit seiner Lehre – nur folgendes gemeint haben: Unterscheide ganz scharf zwischen Kaiser und Gott; gib acht, dass du sie nicht miteinander verwechselst; komm mir nur nicht mit der Ausrede, du könntest Gott besser dienen, wenn du sie gleichgültig koexistieren lässt; du sollst sie nicht miteinander versöhnen: denk daran, dass mein ›und‹ disjunktiv gemeint ist, deshalb schaffe zwei voneinander geschiedene oder jedenfalls gegensätzliche Welten, kurz (und noch einmal): zwei ›unversöhnliche‹ Welten.«[30]

Pasolini beschreibt eine Kirche, die sich die Macht mit dem Staat teilt. Das hat die Reformation in Frage gestellt, jedoch hat Martin Luther mit der Zwei-Regimenten-Lehre ein ebenso fragwürdiges Modell geschaffen: Gott zu gehorchen in den Dingen des Glaubens, der Obrigkeit aber in den Dingen der äußeren Ordnung, der Wirtschaft, der Politik. »Wir haben von Doktor Martin Luther gelernt, dass die Kirche der staatlichen Gewalt nicht in den Arm fallen darf, wenn sie tut, wozu sie berufen ist, auch wenn sie hart und rücksichtslos schaltet«, predigte der Berliner Generalsuperintendent und spätere Bischof Otto Dibelius am 21. März 1933 in der Potsdamer Garnisonkirche.[31] Drei Wochen später hält ein junger Theologe einen Vortrag über »Die Kirche vor der Judenfrage«, in dem er die Kirche angesichts des Terrors gegen Juden und Andersdenkende auffordert, »nicht nur die Opfer unter dem Rad zu verbinden, sondern dem Rad selbst in die Speichen zu fallen«.[32] Wie die Märtyrer der frühen Christenheit hat auch Dietrich Bonhoeffer diese Haltung mit dem Martyrium bezeugt.

»Gebt dem Kaiser, was des Kaisers ist, und Gott, was Gottes ist.« Dieser Satz lässt offen, wo die Bruchstelle ist, an der die Macht des Kaisers endet und der Widerstand gegen die staatliche Macht zu einer Bekenntnisfrage wird, zum status confessionis, mit dem die Kirche steht und fällt. Diese Entscheidung muss immer neu gefällt und vollzogen werden, und oft wird sie die wahre von der falschen Kirche scheiden.

Doch noch einmal zurück zum Kaiser und dem Geld, der Kaisermünze. Diese Münze ist ja eben nicht nur Zahlungsmittel, sondern auch ein Sinnbild für das Geld, das zum Götzen wird, bis in den Tempel hinein, und das auch damals schon die Gewinner der Globalisierung von den Verlierern trennte. Dass Geld und Macht zu Götzen werden können, erzählen auch die Geschichten vom goldenen Kalb und von der Aufstellung des goldenen Standbilds des Großkönigs in der hebräischen Bibel. Freilich – die Anbetung des goldenen Standbildes konnte man verweigern, dem Tanz um das goldene Kalb konnte man fernbleiben. Kann man aber einer Wirtschaft entkommen, die weltweit Menschenleben fordert und als alternativlos beklagt oder gepriesen wird? Wenn es gilt, dass unser Gott der Macht des Kaisers und der »Kaisermünze« die Grenze setzt, wenn wir das wirklich glauben – dann sollten wir beginnen, nach Alternativen Ausschau zu halten. Für die Evangelisten hieß diese Alternative: dem Weg Jesu folgen.

Kontexte

Die Texte aus der Jesusbewegung und den frühchristlichen Gemeinden zeigen eine klare Kontinuität mit Israel: Es geht um eine Kontrastgesellschaft Gottes unter den Völkern, die diese anlocken und in die Gerechtigkeit der gegenseitigen Solidarität einbeziehen soll. Selbst im totalitären Kontext ergibt sich also neben der Verweigerung der Ansatz, Alternativen im Kleinen zu leben und zu vernetzen. Nach der Ablehnung Jesu in Teilen seines Volkes und seinem Tod durch die Römer erweitert sich dieser Ansatz zu einer »Missionsbewegung« in dem Sinn, dass unter allen Völkern attraktive messianische Gemeinden entstehen. Dabei wird der jüdische Ansatz noch weitergeführt,

insofern nun die neuen Gemeinschaften in gegenseitiger Solidarität alle Völker, Sklaven und Frauen gleichberechtigt einschließen.
Was ist es exakt, das im gegenwärtigen Weltsystem abgelehnt werden muss und zu dem wir Alternativen um des Lebens willen finden müssen? Es sind die Mechanismen, die mit Hilfe des absolut gesetzten Prinzips der Konkurrenz, des Wettbewerbs unkontrolliert und ungebremst das Wirtschaften weltweit auf die Vermehrung des Geldes der Geldbesitzenden ausrichten, d.h. die Natur und Menschen zu diesem Zweck – so weit sie können – unterwerfen.

Ulrich Duchrow, Alternativen zur kapitalistischen Weltwirtschaft, Biblische Erinnerung und politische Ansätze zur Überwindung einer lebensbedrohenden Ökonomie, Gütersloh / Mainz, 1994. S. 192, 220.

✷

Abb. 3: Vespasian und Judea, Münze, © der Vorlage: akg-images GmbH / bilwissedition, Berlin.

Euch ist heute der Heiland geboren

Zwei Geschichten von der Geburt Jesu

Die beiden Geschichten von der Geburt Jesu sind in unserer heutigen Wahrnehmung zu einer einzigen »Weihnachtsgeschichte«, einem idyllischen Bild und einer stimmungsvollen Feier zusammengeschmolzen worden. Das hat ihren Sinn nicht unwesentlich verändert. Nimmt man aber die beiden Geschichten einzeln wahr, lässt sich von ihrer ursprünglichen Erzählabsicht mehr entdecken als ein Idyll rund um einen Stall und eine Krippe.

Die beiden Geschichten stehen in zwei verschiedenen Evangelien, und sie haben eigentlich nur eins gemeinsam: Sie wollen Antwort geben auf die drängende Frage, ob mit Jesus von Nazareth wirklich der Messias gekommen ist, oder ob das alles nur ein schöner Traum, eine große Illusion war. Denn sowohl das Matthäus- als auch das Lukasevangelium entstehen in der dritten Generation der christlichen Gemeinden, die mit einer inneren und einer äußeren Krise konfrontiert sind – mit dem Ausbleiben der Wiederkunft des Messias und mit der ersten reichsweiten Christenverfolgung am Ende des ersten Jahrhunderts unter Kaiser Domitian. Ist mit Jesus wirklich der Heiland, der Retter gekommen »oder sollen wir auf einen anderen warten?« Denn die Welt ist nicht heil, die Macht des Kaisers in Rom ist ungebrochen, Christen wie Juden sind der Verfolgung ausgesetzt – ist das messianische Projekt gescheitert?

In unterschiedlicher Weise geben Matthäus wie Lukas auf diese Frage eine Antwort. Sie erzählen zwei verschiedene Geschichten, die keine Idyllen bieten, sondern die Krisen literarisch bewältigen wollen. Aber sie sind darum nicht weniger schön. In einem vor allem sind sich beide einig: Sie wollen zeigen, dass Jesus von Anfang an als der von Gott gewollte und gesandte Messias auf die Welt kam, allerdings: anders als erwartet. Wie am Ende der Geschichte so wird auch am Anfang der Messias nicht in seiner Macht, sondern seiner Ohnmacht dargestellt, weil dieser Messias nicht seine eigene, sondern die Herrschaft *Gottes* aufrichten soll. In dieser Mission tut er den Willen des Vaters, deshalb wird er von Anfang an *Sohn Gottes* sein. In dieser Dialektik von Macht und Ohnmacht spielen sich die beiden Erzählungen von Jesu Geburt ab. Die Unterschiede in der Darstellungsweise sind dem jüdischen Erzähler- und Adressatenkreis bei Matthäus beziehungsweise dem griechischen bei Lukas geschuldet.

Die Erzählung bei Matthäus beginnt mit dem Stammbaum Jesu, der über David bis zu Abraham zurückreicht. Damit wird der Messias Jesus in der Tradition Israels verankert und als »Sohn Davids« derjenige, in dem sich die messianische Verheißung erfüllt. Als Messias ist er Sohn Josefs aus der Familie Davids. Doch gleich danach erzählt Matthäus eine andere Geschichte. Der Engel des Herrn berichtet dem Josef von der Schwangerschaft seiner Verlobten Maria, die ein Kind im Bauch hat, das nicht von ihm ist, sondern auf wunderbare Weise aus der Kraft des Geistes Gottes entstanden sei. Damit ist ein Gedanke aufgegriffen worden, der schon aus der Prophetie und aus den wunderbaren Geburtsgeschichten der hebräischen Bibel bekannt ist. Menschen mit einem besonderen Auftrag entstehen auf wundersame Weise oder werden schon »im Mutterleib erwählt«. Für Matthäus ist wichtig, dass der Messias Jesus in *Kontinuität und Diskontinuität* zu den messianischen Verheißungen und Hoffnungen Israels steht. Er wird sie anders als von den meisten erwartet erfüllen. Eins aber ist klar: der Messias ist ein aus dem Willen Gottes entstandener *Mensch*, kein vom Geist gezeugter Gottessohn.[33] Der jüdische Monotheismus lässt diese Vorstellung von einem zweiten göttlichen Wesen nicht zu; Jesus selbst hätte diesen Gedanken weit von sich gewiesen. Diese uns so vertraute Vorstellung kommt erst bei Lukas, der für griechische Adressaten schreibt, ins Spiel. Nur bei ihm findet sich die Vorstellung, dass der Messias als ein vom Geist gezeugter, von einer Jungfrau geborener Gottessohn auf die Welt kommt, eine Vorstellung, die ihm aus der griechischen Mythologie vertraut ist. Auch in seinen weiteren Erzählungen ist Jesus der »theios aner«, der eine menschliche und eine göttliche Natur und Kraft besitzt, während der »jüdische« Messias bei Matthäus und Markus allein aus der Kraft Gottes handelt, an die er selber glaubt.

Die beiden Evangelisten haben bei allen Unterschieden ein gemeinsames Anliegen: Sie wollen zeigen, dass die Rettung, die messianische Zeitenwende, nur noch durch das unmittelbare Eingreifen Gottes geschehen kann. Deshalb wird der königliche davidische Stammbaum unterbrochen, und auch die Herrschaft des Patriarchats. Der Messias wird ausschließlich mit einer jungen, nicht mit einem Mann aus dem Stamm Davids verheirateten Frau verbunden. Die Geschichte des Volkes Gottes wird nicht bruchlos unter einem neuen Herrscher fortgesetzt, sondern wird unter der alten Verheißung neu beginnen. »Mit Marias vaterlos gezeugtem Kind nimmt die Hoffnung auf Gerechtigkeit und eine Welt ohne Herrschaft und Unterwerfung, ohne Mangel und ohne Überfluss unumkehrbare Gestalt an.«[34] Doch der von Gott im Mutterleib geformte und gesandte Retter wird nicht den Thron Davids besteigen, sondern in der Königsstadt Davids gekreuzigt werden. In der Machtlosigkeit des gekreuzigten Jesus wird deutlich werden, dass dieser Messias keine eigene Macht beansprucht. In der Auferweckung des Gekreuzigten aber wird Gott seine Macht erweisen, der Auferweckte wird der »neue Adam«, der erste Mensch einer neuen Schöpfung sein.

In dieser Spannung von Macht und Ohnmacht bewegen sich bereits die beiden Geschichten von der Geburt des Retters. Bei Matthäus wird er »Immanuel« genannt, »Gott mit uns«. Drei Sterndeuter aus der Völkerwelt bringen die königlichen Gaben Gold, Weihrauch und Myrrhe in das Haus, über dem der Stern steht. Doch zugleich muss das Kind in Sicherheit gebracht werden, weil Herodes, der auf dem Thron Davids sitzt, seine Ermordung befiehlt. Die etablierten Machthaber wehren sich gegen einen Messias, mit dem ihre Macht ablaufen soll, hier wie überall in der Welt.

Matthäus fügt dem eine besonders bittere Geschichte hinzu, in der Herodes den Kindermord an den eben Geborenen in Bethlehem befiehlt, so wie in den alten Erzählungen der Pharao in Ägypten, dem Mose, der erste Retter Israels, wie durch ein Wunder entkam. Dass in dieser Erzählung der künftige Retter ausgerechnet nach Ägypten gebracht wird, ist eine besonders scharfe Zuspitzung der Kritik an dem von Rom unterstützten König auf dem Davidsthron.

Auf andere Weise drückt Lukas die Dialektik von Macht und Ohnmacht des Messias Jesus aus. Er lässt das Kind in einem Stall zur Welt kommen, und die ersten, die dem Kind die Ehre erweisen, sind die Armen Israels, die Hirten auf dem Feld. Ihnen verkündigen der Engel und die himmlischen Heerscharen: »Euch ist heute der Heiland, der Retter, geboren, welcher ist Christus, der Herr in der Stadt Davids.« Damit zitiert Lukas gleich drei Herrschertitel: Heiland, der Retter (soter), Christus, das griechische Wort für Messias, der »Gesalbte«, und »Herr« (kyrios), allesamt Titel des römischen Kaisers aus der Liturgie des Kaiserkultes[35], die diesen als »Sohn Gottes« und »Retter der Welt« feiert. Für die griechische Gemeinde des Lukas steht die Auseinandersetzung mit dem römischen Kaiserkult im Vordergrund, für die jüdische des Matthäus die Auseinandersetzung mit dem vorherrschenden Messianismus. Beide sind sich einig in der Überzeugung, dass der machtlose Jesus die Mächtigen »von Gottes Gnaden« überwinden wird, weil mit diesem Messias die Herrschaft Gottes beginnt und »die Gewaltigen vom Thron gestoßen werden«, wie es im »Lobgesang der Maria« bei Lukas heißt. Indem sie Jesus als den Messias bekennen, verweigern sie den Mächtigen dieser Erde die Gefolgschaft.

Damit verabschiedet sich die christliche Gemeinde aber auch von der Vorstellung, mit eigenen Machtmitteln und einem königlichen Messias von oben das Reich Gottes errichten zu können – leider nicht für immer! Doch zumindest in ihren Anfängen ist die Christenheit von dem Gedanken beseelt, dass der Messias von unten kommen wird, in einer Bewegung, die sich an der Botschaft und Praxis Jesu orientiert, um die Welt zum Besseren, zum Reich Gottes hin zu verändern. Aus dieser Praxis entsteht ein Volk Gottes aus allen Völkern, eine Bewegung, die den von der Krippe bis zum Kreuz machtlosen Jesus als Herrn und Retter der Welt bekennt.

Wie aber steht es nun mit der Vorstellung, dass mit dem Kind auf wundersame Weise ein »Sohn Gottes«, eine Art göttlicher Mensch zur Welt gekommen sei? Tatsächlich ist diese Variante nur bei Lukas vorhanden, und er hat seinerzeit sicher nicht geahnt, dass seine Geschichte zu einem großen Kirchenstreit und, 325 n.Chr., dem ersten Konzil der alten Kirche in Nicäa führen würde. Erst hier wurde seine Erzählung zu einer Lehre gemacht, die die *Wesenseinheit* des Sohnes mit dem Vater im christlichen Glaubensbekenntnis festschrieb. Die ursprüngliche Vorstellung ist das jedoch nicht. In der jüdischen Tradition kennt man den Titel Sohn Gottes ausschließlich als Ehrentitel für einen Menschen, der nach dem Willen Gottes, also in *Willenseinheit* mit dem Vater lebt. Für Paulus war Jesus ein Mensch, geboren von einer Frau; zum Sohn Gottes wird er »adoptiert«, bei Paulus erst bei der »Auferweckung« und als Zeichen dafür, dass dieser Sohn wirklich nach dem Willen des Vaters bis zur letzten Konsequenz gelebt hat. (Röm 1,3-4) Der Evangelist Markus erzählt keine Geburtsgeschichte; hier wird Jesus zum Sohn Gottes bei der Taufe adoptiert: »Dies ist mein lieber Sohn, an dem ich Wohlgefallen habe.« (Mk 1,11) Diese Szene findet sich auch bei Matthäus, der den Messias zwar auf wunderbare Weise entstehen lässt, ihn aber in seinem Erdenleben als den von Gott gewollten und zum Sohn adoptierten *Menschen* beschreibt. Erst bei Lukas bekommt er auch die Züge eines »göttlichen Menschen«, der es in seiner Bedeutung eben auch mit den griechischen Göttersöhnen aufnehmen kann. Eine ganz eigentümliche Wendung erhält die Vorstellung vom Gottessohn im Johannesevangelium. »Das Wort wurde Fleisch und wohnte unter uns, und wir sahen seine Herrlichkeit«, heißt es im Prolog des Evangeliums, das wiederum keine Geburtsgeschichte enthält. Auffällig ist, dass Johannes den griechischen Begriff »sarx« benutzt, um deutlich zu machen, dass Jesus ein Mensch »aus Fleisch und Blut« war, nicht eine halbgöttliche Gestalt – »soma« –, doch ist dieser Mensch zugleich die Verkörperung des Wortes und Willens Gottes, und alle Menschen, die zu ihm gehören, sind Söhne und Töchter Gottes wie er. (Joh 1,1-14)

Als zu Beginn des 4. Jahrhunderts die christliche Kirche in der »Konstantinischen Wende« zur neuen Staatsreligion des römischen Reiches aufstieg, konnte man die Vorstellung von einem Menschen, der in seiner Niedrigkeit zum Sohn Gottes erhöht wurde, nicht mehr gebrauchen. Das arianische Christentum, genannt nach dem Theologen Arius, das an dieser Vorstellung festhielt, wurde auf dem Konzil zu Nicäa als häretisch aus der Kirche verbannt und wurde Opfer der ersten Ketzerverfolgung. Nur unter der Herrschaft des Gotenkönigs Theoderich konnte es noch eine Weile in Norditalien existieren. Die arianische Taufkapelle aus dieser Zeit in Ravenna zeigt ihn uns bis heute, den Menschen Jesus, bei der Taufe durch seinen berühmten und eindrucksvollen Lehrer Johannes: Das

Mosaik zeigt den noch unbedeutenden schüchternen jungen Mann (man sieht es!), über dem die Taube schwebt, weil auf ihn der Geist Gottes gelegt wird.

Kontexte

Abb. 4: Arianische Taufkapelle, Foto: © privat.

Meine Seele erhebt den Herrn und mein Geist freut sich Gottes, meines Heilandes. Denn er hat die Niedrigkeit seiner Magd angesehen. Siehe, von nun an werden mich selig preisen alle Geschlechter. Denn der Herr hat Großes an mir getan, der da mächtig ist und des Name heilig ist. Und seine Barmherzigkeit währt für und für bei denen, die ihn fürchten. Er übt Gewalt mit seinem Arm und zerstreut die hochmütig sind in ihres Herzens Sinn. Er stößt die Gewaltigen vom Thron und erhöht die Niedrigen. Er füllt die Hungrigen mit Gütern und lässt die Reichen leer ausgehen. Er gedenkt seines Knechtes Israel in seiner Barmherzigkeit, wie er geredet hat zu unseren Vätern, Abraham und seinen Nachkommen ewiglich.

Magnifikat, Lk 1,46–55 in der Übersetzung Martin Luthers

*

Geboren war zu Bethlehem
Ein Kindlein aus dem Stamme Sem.
Und ist es auch schon lange her
Seit's in der Krippe lag,
So freu'n sich doch die Menschen sehr
bis auf den heutigen Tag.
Minister und Agrarier,
Bourgeois und Proletarier –
Es feiert jeder Arier
Zur gleichen Zeit und überall.
Das Volk allein, dem es geschah
Das feiert lieber Chanukka

Erich Mühsam, 1925

★

Wir gingen nachts gen Bethlehem
und suchten über Feld
den schiefen Stall aus Stroh und Lehm
Von Hunden fern umbellt.

Und drängten auf die morsche Schwell
und sahen an das Kind.
Der Schnee trieb durch die Luke hell
und draußen Eis und Wind.

Ein Ochs nur blies die Krippe warm,
der nah der Mutter stand.
Wie war ihr Kleid, ihr Kopftuch arm,
wie mager ihre Hand

Dass diese Welt nun besser wird,
so sprach der Mann der Frau,
für Zimmermann und Knecht und Hirt,
das wisse er genau.

Ungläubig hörten wir's – doch gern.
Viel Jammer trug die Welt.
Es schneite stark. Und ohne Stern
ging es durch Busch und Feld.

Gras, Vogel, Lamm und Netz und Hecht,
Gott gab es uns zu Lehn.
Die Erde aufgeteilt gerecht,
wir hättens gern gesehn.

Peter Huchel
Aus: Biblische Balladen, ausgewählt von Gero Kutzleb, Frankfurt am Main 1985, S. 102f.,
© Mathias Bertram.

Da die Hirten ihre Herden ließen
und des Engels Worte
trugen durch die niedere Pforte
zu der Mutter und dem Kind,
fuhr das himmlische Gesind
fort im Sternenraum zu singen
fuhr der Himmel fort zu klingen:
Friede, Friede auf der Erde!

Seit die Engel so geraten,
o wie viele blutge Taten
hat der Streit auf wildem Pferde,
Der geharnischte vollbracht.
In wie mancher heilgen Nacht
sang der Chor der Geister zagend
dringlich flehend, leis verklagend:
Friede, Friede, auf der Erde?

Doch es ist ein ewger Glaube,
dass der Schwache nicht zum Raube
jeder starken Machtgebärde
werde fallen alle Zeit.

Etwas wie Gerechtigkeit
lebt und webt in Tod und Grauen
und ein Reich wird sich erbauen
das den Frieden sucht der Erde!

Conrad Ferdinand Meyer
Aus: Neue Weihnachtslieder, Kassel.

»Was würde Jesus dazu sagen?«

Die »Spruchquelle« als ureigenste Stimme Jesu

Den Geschichtsschreibern des römischen Reiches war er mit keinem Wort der Erwähnung wert – der Jesus von Nazareth aus dem aufständischen Galiläa, der nach einem kurzen Prozess unter dem Statthalter Pontius Pilatus gekreuzigt wurde. Das zumindest wird erwähnt, in der Notiz des Tacitus am Beginn des 2. Jahrhunderts, und die beschreibt lediglich das, was man von außen von diesem Christentum wahrnimmt, das neuerdings von sich reden macht: »Es handelt sich um die wegen ihrer Untaten verhassten Leute, die das Volk Christen zu nennen pflegte. Der Name geht auf Christus zurück, der unter der Herrschaft des Tiberius durch den Prokurator Pontius Pilatus hingerichtet worden war. Dadurch für den Augenblick unterdrückt, flammte der verhängnisvolle Aberglaube später wieder auf, nicht nur in Judäa, der Heimat dieses Übels, sondern auch überall in der Hauptstadt Rom, wo alle schrecklichen und schändlichen religiösen Bräuche von überall her zusammenkommen und geübt werden.«[36]

In manchen Schriften wird zwar Johannes der Täufer erwähnt, Jesus und die Jesusbewegung aber wäre im Dunkel der Geschichte verschwunden, gäbe es da nicht die Erzählgemeinschaft der Jesusleute und die Schriften, die in dieser Szene aus den Erzählungen entstanden sind – die Evangelien. Nach allem was wir wissen sind diese Schriften erst in der zweiten und dritten Generation nach dem Leben und Wirken Jesu entstanden, und zwar nicht im Land Jesu selbst, sondern außerhalb von Israel bzw. Palästina. Das hängt zunächst mit der Geschichte des Landes zusammen. Mit dem Aufstand gegen Rom und dem jüdischen Krieg, der im Jahre 70 n.Chr. mit der Zerstörung Jerusalems und des Tempels endet, hört auch die Jerusalemer Urgemeinde auf zu existieren; ihre Mitglieder flüchten zu Beginn des Krieges nach Syrien, wo, eine weitere Generation später, das Evangelium nach Matthäus entsteht. Ein Vergleich der ersten drei Evangelien zeigt, dass der Kreis um Matthäus bereits das Markusevangelium als Quelle benutzt hat, ebenso wie Lukas, der mit seinem Redaktionskreis in einer hellenistischen Stadtgemeinde, in Kleinasien oder Griechenland anzusiedeln ist. Das in der zweiten Generation entstandene Markusevangelium ist als Reaktion auf die Katastrophe des Jahres 70 höchstwahrscheinlich in Rom, vielleicht auch in Antiochia entstanden.[37] Eins jedenfalls ist klar: die Evangelien sind keine direkten Augenzeugenberichte, sie wollen auch keine Tatsachenberichte oder Biografien Jesu sein, sondern »Evangelium«, frohe Botschaft für die Jesusgemeinden außerhalb Palästinas, die ihr Leben in der Nachfolge Jesu gestalten wollen und die sich deshalb die Geschichten erzählen, die ihnen von den Menschen um Jesus überliefert wurden. In ihnen wird zweifellos auch etwas von der historischen Jesusgestalt sichtbar, jedoch nicht als »history«, sondern als »stories«[38], in denen historische Ereignisse und Gestalten eine Rolle spielen, die also eine Realität enthalten, die freilich schon *gedeutete* Realität ist. Denn in einem sind sich die Erzähler und die Verfasser der Evangelien einig: der Jesus aus Nazareth ist für sie der von Gott gesandte, von Israel ersehnte und ihm verheißene *Messias,* mit dem der Anbruch des Gottesreiches stattgefunden hat. Die frühen christlichen Gemeinden, die sich »ekklesia«, Bürgerversammlung des Reiches Gottes nennen, erzählen also die Geschichten von Jesus im Zeichen ihres Glaubens, dass er der Messias, der Christus ist, was von vielen ihrer jüdischen Glaubensgenossen heftig bestritten und von der heidnischen Umwelt verständnislos bespöttelt wird – ein ermordeter Messias, ein gekreuzigter Gott! Es ist in der Tat ein kontrafaktischer

Glaube, der sich nur dadurch beweist, dass man ihn lebt: »Das Leben Jesu Christi ist auf dieser Erde noch nicht zu Ende gebracht. Christus lebt es weiter im Leben seiner Nachfolger.«[39] Was sich Jesu Nachfolger und Nachfolgerinnen erzählen, sind also keine Tatsachenberichte, sondern Glaubensbekenntnisse, in denen sich jedoch die geschichtliche Gestalt des Nazareners widerspiegelt. In dem, was da von ihm erzählt und verkündet wird, geht er wie ein Schatten seiner geschichtlichen Gestalt einher, er wird erkennbar in dem, was von ihm an Heilungs- und Befreiungserfahrung ausgegangen ist.[40] Die Evangelien und die mündliche Tradition, die ihnen vorausgegangen ist, sind eben keine nostalgischen Erinnerungen am Veteranenstammtisch, sondern die Vergegenwärtigung einer von Jesus und seiner Bewegung angestoßenen befreienden Praxis, die in der Nachfolge Jesu weitergeführt werden soll. Das wird den vom Imperium ermordeten Messias am Leben halten, deshalb wird der Gekreuzigte nicht totzukriegen sein. Und deshalb sind die Geschichten, die von ihm handeln, und die Worte, die von ihm überliefert sind, bis heute aktuell – weil sie bereits in den Evangelien in die jeweilige Situation der Adressaten hinein aktualisiert worden sind. Das heißt aber auch: um sie zu verstehen, muss der jeweilige *Produktionskontext* der unterschiedlichen Texte erkennbar werden.

Haben wir nun in dem, was uns von Jesus überliefert ist, wirklich nur den »Schatten des Galiläers« zu sehen bekommen? Lange Zeit waren die Vertreter einer historisch-kritischen Forschung der Ansicht, dass man hinter den Jesus der Evangelien nicht weiter zu einer historischen Jesusgestalt zurück kann. Doch inzwischen ist eine neue Leben-Jesu-Forschung in Gang gekommen, die aus den Kenntnissen der geschichtlichen Kontexte und einer besonderen, im synoptischen Vergleich erschlossenen Quelle ein etwas deutlicheres Bild des Jesus aus Nazareth zu gewinnen versucht. Grundlage für diesen Versuch ist die Erkenntnis, dass aus dem Vergleich der ersten drei Evangelien eine weitere Überlieferung erschlossen werden kann, die sogenannte Spruchquelle, die von Matthäus und Lukas unabhängig voneinander in ihr sonst weitgehend von Markus übernommenes Evangelium eingearbeitet wurde. Diese Spruchquelle enthält fast ausschließlich Aussprüche Jesu, die offenbar aus der ersten Generation der ursprünglichen Jesusbewegung stammen und aufgeschrieben wurden, wohl um festzuhalten, was Jesus zu bestimmten Problemen des Glaubens und Lebens gesagt hat – oder gesagt haben *könnte*. Wie leben wir in seinem Sinne weiter? Was würde Jesus dazu sagen? fragen sich die Jesusleute der ersten Generation. Ihnen ist im Grunde nur diese Frage wichtig, denn sie glauben, wie auch Paulus, dass der Messias noch zu ihren Lebzeiten wiederkommt und das von ihm verkündete Gottesreich endgültig Wirklichkeit wird. Wie sollen wir leben, dass wir darauf vorbereitet sind, mehr noch, dass es schon jetzt in unserem Leben und Handeln sichtbar wird? Die Antwort darauf wird in dem gesucht, was der geschichtliche Jesus verkündigt hat, und deshalb ist in der Spruchquelle etwas von der »ureigensten Stimme Jesu« zu vernehmen: am deutlichsten in der Bergpredigt, diesem »Katechismus der Urgemeinde«.[41] Aber die Spruchquelle verrät noch mehr. In ihr wird deutlich, dass der geschichtliche Jesus noch ganz und gar in das Judentum hinein gehört, ebenso wie die ursprüngliche Jesusbewegung: Es gibt also den Jesus vor dem Christentum.[42] Dieser Jesus fasziniert bis heute, gerade auch Menschen, die der kirchlichen Lehre und dem christlichen Glauben eher fern stehen. Von dieser Gestalt lassen sich einige wenige Umrisse erkennen.

Unbestreitbar gehört die Jesusbewegung in eine Szenerie, die in unterschiedlicher Weise messianisch bestimmt war. In einer Zeit der Bedrohung jüdischer Identität durch die »Leitkultur« des Imperiums und der Ausbeutung der Provinzen durch eine brutalen Steuerpolitik wächst in Israel die Hoffnung auf den Anbruch der Gottesherrschaft und damit auf das Ende der Menschenmacht über Menschen. Die unterschiedlichen messianischen Bewegungen grenzen sich zweifellos gegen einander ab, haben aber dennoch gemeinsame Schnittmengen. Mit den Pharisäern hat Jesus, aus einer pharisäischen Handwerkerfamilie stammend, mehr gemein, als die Evangelien erahnen lassen – die Geltung der Weisung Gottes, der Tora, zur Wahrung jüdischer Identität steht außer Frage, wie ihr Folge zu leisten sei, ist eine typisch innerjüdische Diskussion. Wenn endlich Tora von allen gelebt wird, kommt der Messias, hoffen die Pharisäer. Die messianische Gemeinde der Essener probt Tora gemäßes Leben in der Wüste, als eine Art alternative Landkommune, herrschaftsfrei und radikal. Die Zeloten rufen zum Aufstand gegen Rom, aber auch zur Revolte gegen die mit Rom kollaborierenden Oberschichten auf. Oft sind es Männer, die der Schuldsklaverei nur durch die Flucht in die Berge entgehen können, eine Guerilla, die nationalen Widerstand mit sozialem Aufstand verbindet. Eine weitere messianische Bewegung wird von Johannes dem Täufer ins Leben gerufen, der das nahende Gottesreich verkündet und zur Umkehr, zur radikalen Veränderung des persönlichen und gesellschaftlichen Lebens aufruft und zur Taufe als Lebenserneuerung einlädt. Sicher ist, dass Jesus zur Anhängerschaft des Täufers gehörte und erst nach dessen Gefangennahme durch König Herodes in seine Heimat nach Galiläa zurückkehrt. Das Haus der Fischergenossenschaft in Kapernaum am See Genezareth wird zur Basisstation einer Bewegung von Männern und Frauen, als deren Kern ein Kreis von zwölf Jüngern bezeichnet wird, die namentlich genannt werden. Unter ihnen wird einer als Zelot bezeichnet, und die Evangelien, die Jesus deutlich von den Zeloten distanzieren, erwähnen andererseits durchaus auch die Nähe zu zelotischen Positionen. Am Ende stirbt der Nazarener zwischen zwei Zeloten den Tod am Kreuz, der in Rom für Aufständische vorgesehen ist. In seiner Jugend hat er möglicherweise solche Szenarien erlebt und gewusst, welche Folgen Kritik an der römischen Herrschaft haben kann – nach einem Aufstand gegen die Volkszählung ließ der Feldherr Qintilius Varus zweitausend Aufständische kreuzigen, zur Abschreckung, wie er seinem Kaiser nach Rom meldet.

Wie auch immer die Jesusbewegung zu den Zeloten stand – die neuen Erkenntnisse[43] zeigen die messianische Bewegung Jesu als einen revolutionären Aufbruch in der Hoffnung auf eine messianische Zukunft, letztlich das kurze Aufleuchten einer Befreiungsbewegung und ihr vorläufiges Scheitern. Ob sich Jesus selbst als ein prophetischer Messias oder als ein messianischer Prophet verstanden hat, muss wohl offen bleiben. Im Gegensatz zu den militärischen Anführern des letzten großen Aufstandes, der dann zum jüdischen Krieg und der gewaltsamen Zerschlagung der nationalen Existenz Israels führte, scheint Jesus die erhoffte Befreiung jedenfalls nicht mit militärischen Mitteln in Betracht gezogen zu haben. Das betonen die Evangelien, die nun aber schon vom Ende dieses Versuchs her denken. Auf jeden Fall verabschiedet sich die Jesusgemeinde am Ende von einem nationalen und gewalttätigen Messianismus und setzt auf gewaltfreie und herrschaftskritische Gegenkultur – unter anderem nachzulesen in dem großen Verfassungsentwurf, der »Magna Charta des Reiches Gottes«[44], der Bergpredigt.

Hier kommt man dem historischen Jesus zweifellos nahe, dennoch ist es unmöglich, die einzelnen Worte unmittelbar auf ihn selber zurückzuführen. Es bleibt vorerst bei der Erkenntnis, dass kaum historisch gesicherte Details über Jesus feststellbar sind. »Andererseits kann man jedoch viel historisch Zuverlässiges über Jesus aussagen, wenn man ihn nicht mehr isoliert von den Menschen, die sich zuerst als seine Nachfolger begriffen haben, von seinen Jüngern zu seinen Lebzeiten und auch in der ersten Zeit nach seinem Tode. Wenn man Jesus im Zusammenhang mit der ältesten Jesusbewegung begreift, lassen sich auch über ihn historische Rückschlüsse begründen ... Jesus ist grundsätzlich nicht abgrenzbar gegen bestimmte Gruppen im jüdischen Volk und er ist vor allem nicht abgrenzbar gegen seine ersten Nachfolger.«[45] Die Evangelien machen das übrigens indirekt deutlich: Bevor der Messias Jesus sich in Wort und Tat zeigt, werden die ersten Jünger berufen. Was dann folgt, ist ein Gemeinschaftsprojekt, das im weiteren Verlauf bestätigt wird. Da werden die Jünger ausgesandt, um selber das zu tun, was eben nicht nur Jesus kann: das Reich Gottes zu verkündigen, Kranke zu heilen und Dämonen auszutreiben. (Mk 6,7-13)

Kontexte

»Der gegenwärtige Christus ist der geschichtliche Christus. Dieser ist der historische Jesus ... Christus ist in der Welt des Proletariats scheinbar erledigt wie die Kirche und die bürgerliche Gesellschaft überhaupt ... Und doch ist es nicht so. Man distanziert hier Jesus von seiner Kirche und ihrer Religion. Der Proletarier meint mit dem Wort, Jesus ist ein guter Mensch, mehr, als wenn der Bürger sagt, Jesus ist Gott. Jesus ist gegenwärtig in den Fabrikräumen der Arbeiter; in der Politik als der ideale Idealist; im Leben des Proletariers als der gute Mensch. Er ist neben dem Proletarier als der in den Reihen des Proletariats gegen den Feind, den Kapitalismus Kämpfende. So geht Jesus durch unsere Zeit, durch alle Berufe und Stände, immer neu befragt: wer bist du?«

Dietrich Bonhoeffer, zitiert aus: Renate Wind / Craig Nessan, Wer bist Du, Christus? Ein ökumenisches Lesebuch zur Christologie Dietrich Bonhoeffers, Gütersloh 1998, S. 39.

✴

Jesus kann als »Gründer« der Kirche schon deshalb nicht betrachtet werden, weil für ihn die Existenz Israels als des Volkes Gottes unzweifelhafte Realität war. Die Jesusbewegung war eine Bewegung im Rahmen dieses Volkes; der Ruf zur Nachfolge erging inmitten dieses Volkes. Dass dieses Volk Gottes bis zum Ende der Geschichte Bestand haben werde, galt als gewiss. Überall, wo später die Kirche als »Volk Gottes« bezeichnet wird, muss dieser Zusammenhang mit Israel als Gottes auserwähltem Volk bedacht werden.

Wenn vom »Volk Gottes« die Rede ist, so müssen damit Israel und die christlichen Kirchen zusammen gemeint sein. Die Kontinuität zwischen beiden stiftet in christlicher Perspektive der Jude Jesus von Nazareth. Ihm war Israel als Volk Gottes unbezweifelbare Realität; und dennoch vollzog er mit seinem Leben und seiner Verkündigung Grenzüberschreitungen, die die Entstehung der Kirche hervorriefen. Von »Kirche« kann man erst reden, seit die Gemeinde der im Namen Jesu Getauften die Grenzen Israels überschreitet; sie ist Kirche aus Juden und Heiden. Doch auch dann bleiben Israel und die Kirchen durch die gemeinsame Zugehörigkeit zum Volk Gottes unlösbar miteinander verbunden. Beide berufen sich auf den Bund Gottes mit seinem Volk, auf das Gesetz und die Propheten.

Aus: Günther Bornkamm, Jesus von Nazareth, Stuttgart/Berlin/Köln 1995[15].

Nicht der historische Jesus hat in der Geschichte gewirkt, sondern die jeweiligen Christusbilder, die »Anschauungen«, die sich Menschen von dem historischen Jesus gemacht haben. Das Christusbild, besser, die verschiedenen Christusbilder des Neuen Testaments und der Kirchengeschichte sind »Einbildungen« der ersten Christen beziehungsweise der späteren Gemeinden – Einbildungen nicht in dem Sinne, dass Menschen sich hier »nur etwas eingebildet« hätten, sondern Einbildungen in dem Sinne, dass sich ihnen die Erfahrungen, die sie im Hören auf die neutestamentliche Überlieferung von Jesus gemacht haben, aufgrund ihrer bildnerischen Kraft zu einem Bild verdichtet haben. Es handelt sich also nicht um eine Dichtung mittels frei schaltender Phantasie, sondern um eine »Sicht« aufgrund von Erfahrungen, denen selber bildnerische Kraft innewohnt.

Die Form, in der die Überlieferung von den ersten Christen weitergegeben wurde, bestand nicht in einer zusammenhängenden Geschichte, sondern in einzelnen Geschichten, nicht in history, sondern in stories. Daran sollte auch die heutige Christologie sich orientieren und so die Zeitgenossen zu eigenem Meditieren, zum selbständigen »Bildermachen« von Jesus anleiten. Wenn der Apostel Paulus den Gemeinden von Galatien schreibt, dass er ihnen Jesus Christus »vor die Augen gemalt« hat (Gal 3,1), so gilt dies als Methode für die Weitergabe der neutestamentlichen Jesustradition auch noch heute. Was auf diese Weise sichtbar wird, muss das Bild eines wirklichen Menschen sein – freilich nicht nur ein menschliches Vorbild. Vielmehr muss es die Kraft erkennbar werden lassen, die diesen Menschen in all seinem Verkündigen und Verhalten »beseelt« hat. Da Jesus selbst diese Kraft Gott, intimer noch, seinen »Vater« nennt, ist es Gottes Geschichte mit den Menschen, die in der Erzählung des Geschicks Jesu von Nazareth sichtbar werden muss.

Aus: Heinz Zahrnt, Wozu ist das Christentum gut, München 1978, S. 95f.

✶

Aus dem Himmel ohne Grenzen
trittst du tastend an das Licht.
Du hast Namen und Gesicht,
wehrlos bist du wie wir Menschen.

Als ein Kind bist du gekommen,
wie ein Schatten, der betört,
unnachspürbar wie das Rauschen,
das man in den Bäumen hört.

Bist erschienen wie ein Feuer,
wie ein Leitstern in der Not,
deine Spur weist in die Fremde,
bist verschwunden in den Tod.

Bist begraben wie ein Brunnen,
wie ein Mensch im Wüstensand.

Wird uns je ein andrer werden,
je noch Frieden hier auf Erden?

Bist uns als ein Wort gegeben,
Furcht und Hoffnung in der Nacht,
Schmerz, der uns genesen macht,
Anbeginn und neues Leben.

Huub Osterhuis
Aus: Huub Osterhuis, Ich steh vor dir. Meditationen, Gebete und Lieder, © Verlag Herder GmbH, Freiburg/Br., S. 103.

Paradise Now!

Die Sehnsucht und das Glück, anders zu leben: die Bergpredigt

Wieder sind es vor allem idyllische Bilder, die unsere Vorstellung von der Bergpredigt Jesu geprägt haben – der sanfte Prediger im Kreis der Jünger, die andächtig lauschenden Zuhörer, die idyllische Natur. Den Sanftmütigen, Barmherzigen und Friedfertigen wird der Himmel versprochen, lange Zeit missverstanden als das bessere Leben in einer jenseitigen Welt. Dann folgen freilich ethische Forderungen, von denen man sich lieber nicht beunruhigen lassen möchte: Gewaltverzicht, Aufrichtigkeit, Gerechtigkeit, und schließlich die Geltung des Gesetzes, der Tora, in einer besonders radikalen Auslegung. Viele Exegeten und Kirchenlehrer haben im Laufe der Geschichte einen Ausweg aus dieser Radikalität gesucht. Die Bergpredigt Jesu enthält Forderungen, die den Menschen ihr Unvermögen, ihre Sündhaftigkeit vor Augen führen und für die Gnade Gottes bereit machen, sagt die lutherische Tradition. Sie können nur von wenigen, von einer frommen Elite befolgt werden, zum Beispiel in Ordensgemeinschaften, sagt die katholische Tradition. Es ist eine radikale Ethik für die kurze Zeit bis zur Wiederkunft des Messias, sagt Albert Schweitzer, nicht gedacht für die Dauer einer langen geschichtlichen Existenz. Mit der Bergpredigt kann man keine Politik machen, hielt Helmut Schmidt in den 80er Jahren den Gegnern des NATO-Doppelbeschlusses, einer weiteren atomaren Aufrüstung, entgegen.

Wie die Bilder vom guten Hirten ist auch die Bergpredigt zunächst ein Bild des Friedens in einer Welt der Gewalt, das trügerisch sein kann, wenn es nicht auch ein Gegenbild wird, ein Nein zur Welt, wie sie damals war und immer noch ist, ein Aufruf, sie so nicht zu akzeptieren, sich in ihr nicht einzurichten, anders zu leben und auf diese Weise *glücklich* zu sein. Denn sie beginnt mit den »Seligpreisungen«, deren Sinn freilich durch eine lange kirchliche Auslegungstradition vollkommen verfremdet wurde. Das »Himmelreich« ist in dem ursprünglichen Sinn nicht das bessere Jenseits, kein neuer Raum, sondern eine neue Zeit, der Beginn der Gottesherrschaft, der Erneuerung der Welt hin zu Gerechtigkeit und Frieden. Diese Zeit wird denen gehören, die in den Imperien dieser Erde zu den Verlierern gehören: den Armen, den Sanftmütigen, den Friedensstiftern, den Barmherzigen, den Gerechtigkeitssuchern. Es ist ein alternatives Wertesystem, das da aufgezeigt wird und von dem gesagt wird, dass man mit ihm glücklich wird. Denn im Text steht das Wort »makarios«, glücklich, ja glückselig sind sie jetzt schon, mit sich und den Menschen und Gott im Reinen, wenn sie sich auf diese andere Art zu leben einlassen, selbst wenn sie um der Gerechtigkeit willen verfolgt werden. Es geht also nicht um die Vertröstung auf eine jenseitige Welt, die die Gesellschafts- und Kirchenkritiker von Heine bis Marx und Brecht zu Recht anprangern, sondern um ein gelebtes Nein zu einer Welt, in der der Mensch des Menschen Wolf ist, wie die römischen Gelehrten behaupten. Aber gibt es ein richtiges Leben im falschen?

Der weitere Text der Bergpredigt versucht, eine Antwort darauf zu geben. Um diese ethischen Forderungen zu verstehen, muss zuvor eines klar sein: Es sind Anweisungen zur Lebensgestaltung einer *Gemeinschaft,* keine Forderungen zur individuellen Vervollkommnung der persönlichen Frömmigkeit. So wie die Tora, die Weisung Gottes, als Verfassungsentwurf für ganz Israel gedacht ist, ist auch die Bergpredigt von Leonhard Ragaz zutreffend als »Magna Charta des Reiches Gottes« bezeichnet worden, als Verfassungsentwurf für die »ekklesia«, die Bürgergemeinde des Reiches Gottes. Das in ihr verankerte alternative Wertesystem, diese Gegenkultur zum Imperium, kann nur *gemeinsam* gelebt werden. Dann aber wird diese Gemeinschaft zum »Salz der Erde« und zum »Licht der Welt«, zur Ermutigung für andere, es ihnen gleichzutun. Es ist der gleiche Gedanke, der auch die Erwählung Israels begründet: Das gegenüber den Imperien des Altertums schwache Volk Gottes, das befreite Sklavenvolk, soll mit einem Leben in Gerechtigkeit zum Beispiel und damit zum Licht und zum Segen für die Völker werden.

Nicht von ungefähr ist die »Bergpredigt« in dieser Ausführlichkeit nur im Matthäusevangelium zu finden; es wurde von einer und für eine Gemeinde formuliert, die sich dem Judentum noch eng verbunden fühlt und aus der Spruchquelle große Teile übernimmt. Denn die Bergpredigt ist nicht wirklich eine Predigt, sondern eine Sammlung von einzelnen Jesusaussagen aus der Spruchquelle, und die Vorstellung von einer Predigt auf einem Berg ist ebenfalls keine historische Reminiszenz, sondern ein theologisch bedeutsames Symbol. Für die Gemeinde des Matthäusevangeliums ist mit diesem Bild eine wichtige Aussage verbunden: Jesus ist der neue Mose, der das jüdische Gesetz nicht in Frage stellt, sondern aktualisiert, und in dieser Form den Menschen, die sich, wie einst Israel, unten am Berg versammelt haben, überbringt. Sehen wir uns diese Szene noch genauer an, sind in ihr weitere bemerkenswerte Aussagen versteckt. Anders als Mose ist Jesus dort nicht allein, sondern von den ersten vier eben berufenen Jüngern umgeben, die ebenfalls das erneuerte Gesetz unter die Leute bringen sollen. Von Anfang an ist die Verkündigung Jesu in Wort und Tat also ein Gemeinschaftsprojekt der gesamten Jesusbewegung. Wer aber sind die Zuhörer? Der Kontext macht deutlich, dass am Berg Menschen aus Israel zusammen mit einer großen Menschenmenge von jenseits seiner Grenzen gekommen sind, das Gebot Jesu nun also dem Volk Gottes aus *allen* Völkern gelten soll. Was aber unterscheidet das Gesetz des Mose von dem Gebot, das von Jesus verkündet wird? Erst einmal: es soll keine Abstriche geben – kein Iota, nicht der kleinste Buchstabe, soll vom Gesetz weggenommen werden! (Mt 5,18) Der Unterschied wird an einer anderen Stelle deutlich, von der schon der Prophet Jeremia spricht: Das Gesetz des Mose, das in Stein gemeißelt ist, soll ins Herz geschrieben werden! (Jer 31,33) Auch dieser Gedanke ist also bereits in der jüdischen Frömmigkeit verankert und in der rabbinischen Literatur zu finden, in der es die gleichen Auseinandersetzungen zum Beispiel um den Sabbat gibt wie in den Evangelien. Die in Stein gemeißelten Gesetze sind zeitlos gültig – die ins Herz geschriebenen Gebote können und müssen durch die Zeiten immer neu in lebendige Vollzüge umgesetzt werden. Paulus hatte es so ähnlich ausgedrückt: Der Buchstabe des Gesetzes tötet, der Geist macht es lebendig. Die ethischen Forderungen der Bergpredigt sind nichts anderes als ein Versuch, das ins *Herz* geschriebene Gesetz zu leben.

Am deutlichsten wird das in einem Gebot, das gemeinhin als das schwierigste gilt: »Ihr habt gehört, dass gesagt worden ist: Du sollst die Ehe nicht brechen. Ich aber sage euch: wer eine andere Frau lüstern ansieht, hat in seinem Herzen schon Ehebruch mit ihr begangen.« (Mt 5,27f.) Die Reaktion auf diese Toraverschärfung ist beinahe vorprogrammiert: Das kann man bzw. frau uns nicht verbieten, sagen fromme Ehemänner – wo wir doch immerhin nach dem Gesetz treu sind! Aber darum geht es eigentlich nicht, sondern darum, dass der begehrliche Blick auf die eine den liebenden Blick auf die andere Frau ersetzt. Und positiv ausgedrückt – und noch wichtiger und grundsätzlicher – geht es darum: dass der begehrende Blick nicht von der Liebe getrennt werden darf, ob in oder außerhalb der Ehe: »Wenn du mich anblickst, werd' ich schön.« Wo das nicht geschieht, ist auch die Ehe in Frage gestellt, selbst wenn sich die Partner nach den Buchstaben des Gesetzes keinen Ehebruch leisten. Wenn die Liebe aus der Ehe verschwunden ist, sollte man da nicht nach Wegen der Befreiung suchen – oder aber nach Möglichkeiten, die Liebe gemeinsam wiederzufinden? Die Worte der Bergpredigt stehen gerade in dieser Hinsicht in einem anderen kulturanthropologischen Kontext, Beziehungsformen haben sich seitdem geändert. Aber gerade das macht das Wort aus der Bergpredigt so zeitlos aktuell. Denn das Gesetz des Mose schützt die Ehe – das Gebot Jesu schützt die *Liebe*, nicht nur in der Ehe.

So verstanden soll dieses wie auch die weiteren Gebote der Bergpredigt das Leben nicht einschränken, sondern durch die mit dem Herzen gelebten Gebote zu Leben mit vollem Genüge machen. Es geht darum, im Glauben an den Gott der Befreiung »mit Lust und Liebe zu allen Geboten Gottes« zu leben, wie es Martin Luther ausdrückt. »Das Herz bestimmt die Handlung, das besagt, der Glaube lebt in den menschlichen Werken, er genügt nicht sich selbst. Genau deshalb ist er auch nicht zufällig, sondern notwendig mit der *Liebe* verbunden. Der Glaube offenbart sein Wesen in der Liebe zu Gott und zum Nächsten ... Sowohl für den Dekalog als auch für die Bergpredigt ist ... die vorausgehende, geschenkte Erfahrung von Befreiung und Annahme entscheidend. In ihrem Rahmen erwächst die Lebensbewegung des Glaubens, in der sich der Mensch spontan und frei im Tun des Guten übt. Eben dies meint: aus Lust und Liebe. Der Glaube ist in das Gute verliebt.«[46]

Noch einmal – gibt es ein richtiges Leben im falschen? Gibt es Gerechtigkeit und Frieden, Liebe und Glück in einer Welt der Gewalt, im Imperium der Ungleichheit? Nicht, wenn es ausschließlich im Horizont einer persönlichen Erfahrung gesucht wird. In den zentralen biblischen Traditionen beider Testamente geht es um den Aufbruch aus der Knechtschaft in ein Land der Freiheit, um die Ermöglichung einer alternativen Gesellschaftsordnung auf der Grundlage von Freiheit und Gleichheit. Der Auftakt des Dekalogs ist das Bekenntnis zu einem Gott, der aus der Sklaverei befreit und dessen Gebote »Anweisungen für das Land der Freiheit«[47] sind. Weil die Barmherzigen, die Friedensstifter und die Gerechtigkeitssucher – gleich welcher Religion oder Weltanschauung! – sie zu praktizieren versuchen, werden sie nicht etwa fromm, sondern *glücklich* genannt: »Das Leben selbst ist Glück!«, schrieb Rosa Luxemburg aus dem Gefängnis.[48] Die Art, wie Menschen ihr Leben und ihre Gemeinschaft gestalten, soll ansteckend sein: »die Stadt auf dem Berge kann nicht verborgen bleiben«, selbst dann nicht, wenn sie in den Untergrund gehen muss – als gelebte Gegenkultur ist dieser alternative Lebensentwurf zugleich subversiv. Es geht nicht nur darum, in einer falschen Welt ein richtiges Leben zu führen – es geht darum zu zeigen: *Eine andere Welt ist möglich!*

Die Anweisungen für das Land der Freiheit in der immer noch alten Welt zu leben, heißt: sie immer neu – widerständig – in die jeweilige Zeit hinein zu aktualisieren und zu realisieren. Die Bergpredigt enthält jedoch neben dem Grundgebot der Liebe zu Gott und dem Nächsten auch zwei Texte, die als Grundlage aller ethischen Handlungen zeitlos bleiben: die »goldene Regel« und das alte jüdische Gebet des Rabbi Jesus: »Vater unser, dein Wille geschehe wie im Himmel so auf Erden!« Die Bitten des Vaterunsers enthalten alles, was Menschen wirklich brauchen: Brot und Vergebung, die immer neue Ermöglichung des Lebens, die Erlösung von den Versuchungen der Macht und des Machtmissbrauchs, denn »*Dein* ist das Reich«! »Was Jesus das Reich Gottes nennt, das ist ... keine jenseitige Tröstung, keine vage himmlische Seligkeit, es ist auch keine geistliche oder kultische Vereinigung, keine Kirche; es ist das vollkommene Zusammenleben der Menschen ... Das Reich Gottes ist die vollkommene Gemeinschaft, in der alle, die da hungert und dürstet nach der Gerechtigkeit, satt werden, und die nicht aus göttlicher Gnade allein, sondern nur in dem Zusammenwirken mit dem Menschenwillen, aus der geheimnisvollen Verbindung beider hervorgehen kann.«[49] Wie dieser Menschenwille Ausdruck gewinnen kann, wird mit diesen Worten beschrieben: »Alles, was ihr wollt, dass euch die Leute tun, das tut ihnen auch! Das ist das ganze Gesetz und die Propheten!« (Mt 7,12) Das ist mehr als ein »Seid nett zueinander!«. Es ist die Grundlage für ein Zusammenleben in Gerechtigkeit, die allen Menschen das gleiche Recht auf Leben und Glück zugesteht und die Welt aus der Perspektive des jeweils anderen zu betrachten lehrt. Diese universale Sicht ist das genuin *jüdische* Vermächtnis Jesu: das Gesetz und die Propheten! Es soll universal gelten – die christliche Kirche kann es nicht für sich allein beanspruchen. Wenn sie sich aber auf Jesus beruft, muss sie sich leidenschaftlich für dieses universale Recht auf Leben einsetzen in einer Welt, in der wir nur noch gemeinsam leben und überleben können.

Kontexte

Jesus ruft nicht zu einer neuen Religion auf, sondern zum Leben.

Dietrich Bonhoeffer
Aus: Dietrich Bonhoeffer, Widerstand und Ergebung, DBW 8, 537.

✳

Der Entschluss, Urwaldarzt zu werden ... reicht in meine Studentenzeit zurück. Es kam mir unfasslich vor, dass ich, wo ich so viele Menschen um mich herum mit Leid und Sorge ringen sah, ein glückliches Leben führen durfte ... An einem strahlenden Sommermorgen, als ich in den Pfingstferien in Günsbach erwachte, überfiel mich der Gedanke, dass ich dieses Glück nicht als etwas Selbstverständliches hinnehmen dürfe, sondern etwas dafür geben müsse. Indem ich mich mit ihm auseinandersetzte, wurde ich mit mir dahin eins, dass ich mich bis zu meinem dreißigsten Lebensjahr für berechtigt halten wollte, der Wissenschaft und Kunst zu leben, um mich von da an einem unmittelbaren menschlichen Dienen zu weihen ... Zu dem äußeren Glück besaß ich nun das innerliche.

Aus: Albert Schweitzer, Aus meinem Leben und Denken, Hamburg 1980, S. 72.

✶

Wie merkwürdig das ist, dass ich ständig in einem freudigen Rausch lebe – ohne jeden besonderen Grund. So liege ich zum Beispiel hier auf einer steinharten Matratze, um mich im Hause herrscht die übliche Kirchhofstille, man kommt sich vor wie im Grabe, vom Fenster her zeichnet sich der Reflex der Laterne, die vor dem Gefängnis die ganze Nacht brennt. Da liege ich still allein, gewickelt in diese vielfachen schwarzen Tücher der Finsternis, Langeweile, Unfreiheit, des Winters – und dabei klopft mein Herz von einer unbekannten, unbegreiflichen Freude, als wenn ich im strahlenden Sonnenschein über eine blühende Wiese gehen würde. Und ich lächle im Dunkeln dem Leben, wie wenn ich irgendein zauberhaftes Geheimnis wüsste, das alles Böse und Traurigkeit Lügen straft und in lauter Helligkeit und Glück wandelt. Ich glaube, das Geheimnis ist nichts anderes als das Leben selbst.

Rosa Luxemburg, Brief vom Dezember an Sophie Liebknecht, aus: Rosa Luxemburg, Band 5, Gesammelte Briefe, Berlin 1984, S. 347f.

✶

Ein neues Lied, ein besseres Lied
O Freunde will ich euch dichten!
Wir wollen hier auf Erden schon
Das Himmelreich errichten.

Wir wollen auf Erden glücklich sein
Und wollen nicht mehr darben;
Verschlemmen soll nicht der faule Bauch,
Was fleißige Hände erwarben.

Es wächst hienieden Brot genug
Für alle Menschenkinder,
Auch Rosen und Myrten, Schönheit und Lust
Und Zuckerschoten nicht minder.

Ja Zuckerschoten für jedermann,
Sobald die Schoten platzen!
Den Himmel überlassen wir
Den Engeln und den Spatzen.

Heinrich Heine
Deutschland – ein Wintermärchen, Caput 1, aus: Heinrich Heines Werke, Band 2, Berlin und Weimar, 1978, S. 91ff.

✱

Soll das heißen, dass wir uns bescheiden
Und »so ist es und so bleib es« sagen sollen?
Und, die Becher sehend, lieber Dürste leiden,
Nach dem leeren greifen sollen nicht den vollen?

Soll das heißen, dass wir draußen bleiben
Ungeladen in der Kälte sitzen müssen
Weil da große Herrn geruhn, uns vorzuschreiben
Was da zukommt uns an Leiden und Genüssen?

Besser scheint's uns doch aufzubegehren
Und auf keine kleinste Freude zu verzichten
Und die Leidensstifter kräftig abzuwehren
Und die Welt uns endlich häuslich einzurichten

Bertolt Brecht
Gegenlied zu »Von der Freundlichkeit der Welt«, aus: Bertolt Brecht, Werke. Große kommentierte Berliner und Frankfurter Ausgabe, Band 15: Gedichte, © Bertolt-Brecht-Erben/Suhrkamp Verlag 1993.

Wenn du mich anblickst, werde ich schön,
schön wie das Riedgras unterm Tau.
Wenn ich zum Fluss heruntersteige,
erkennt das hohe Schilf mein sel'ges Angesicht nicht mehr.

Am Wege trafst du keinen Stein,
der nackter wäre in der Morgenröte
als ich, die Frau, auf die du deinen Blick geworfen,
da du sie singen hörtest.

Die Nacht ist da. Aufs Riedgras fällt der Tau.
Senk lange deinen Blick auf mich. Umhüll mich zärtlich durch dein Wort.
Schon morgen wird, wenn sie zum Fluss herunter steigt,
die du geküsst, von Schönheit strahlen.

Gabriela Mistral

»Und zwischen Himmeln und Erden ist wieder Anbeginn«

Jesus der Heiler

Viele Geschichten, die man sich von Jesus erzählt, handeln von wunderbaren Heilungen. Sie sind nicht zuletzt deshalb bis heute so beliebt, weil diese Wunder zu bestätigen scheinen, dass hier wirklich ein Gottessohn mit göttlichen Kräften, mithin wirklich der Messias, erschienen sei. Doch es bleiben auch Fragen: Warum hat er nicht allen geholfen? Warum nicht Krankheit und Tod endgültig aus der Welt geschafft? Warum haben diese Wunder die Messianität Jesu nicht aller Welt beweisen können? Und die entscheidende Frage stellen die Evangelisten Markus und Matthäus selbst, indem sie die Leute unter dem Kreuz Jesu sagen lassen: »Andern hat er geholfen – warum kann er sich nun selber nicht helfen?« (Mk 15,31par) Wenn er tatsächlich der Messias ist, soll er es jetzt endlich beweisen und vom Kreuz herabsteigen! Diese Dialektik von Macht und Ohnmacht zieht sich auch durch die Wundergeschichten. Die wunderbaren Taten Jesu sind keine öffentlichen Machtdemonstrationen; oft wird denen, die sie erfahren, geboten, darüber zu schweigen.

Zweifellos haben die wunderbaren Heilungsgeschichten einen realistischen Hintergrund. Jesus wird als Rabbi, der die Tora lehrt, als Prophet und als Heiler erinnert.[50] Nur ist das in der antiken Welt insgesamt, und in der biblischen Tradition im Besonderen nichts Außergewöhnliches. Von den Propheten Elia und Elisa werden Wundertaten berichtet, die den Wundergeschichten um Jesus sehr ähnlich sind.[51] In den Evangelien wird erzählt, dass auch die Jünger Jesu den Auftrag bekommen, zu heilen und böse Geister auszutreiben, und es gibt auch über Zeitgenossen in der Jesuszeit Erzählungen von wundertätigen Heilungen.⁵² Was also ist wunderbar an den Wundern Jesu?

Die Evangelien wollen deutlich machen, dass die Botschaft Jesu vom Anbruch der Gottesherrschaft mit heilender und befreiender Praxis verbunden ist. Einer Praxis, die auch von seinen Jüngern, von der nachfolgenden Jesusgemeinde, ausgeübt wird. Es geht also nicht um die Darstellung eines mit göttlichen Kräften ausgestatteten Wundertäters, sondern um eine Glaubenspraxis, die die Ergebenheit in den Status quo in Frage stellt und die Resignation überwindet, weil bei Gott kein Ding unmöglich ist.⁵³ Für die biblischen Erzähler sind die Wunder Jesu Teil seiner Verkündigung vom beginnenden Gottesreich in Wort und Tat – immer werden die «Zeichen und Wunder» mit einer entsprechenden Wortverkündigung begleitet: Worte und Zeichen erklären sich gegenseitig. Vor allem in den Evangelien nach Markus und Matthäus mit ihrem jüdischen Traditionshintergrund vollbringt Jesus die Wundertaten nicht aus eigener Kraft, sondern in der Kraft *Gottes,* an die er selber glaubt. Weil er von diesem Glauben beseelt ist, ist er der Messias, der im Namen Gottes alle widergöttlichen Kräfte besiegt: Krankheit, Tod, Sünde, Dämonie, alles, was Menschen von Gott und voneinander trennt, wird weggeschafft. Allen Heilungsgeschichten ist dabei gemeinsam, dass für den Sieg des Lebens über den Tod nicht nur der Glaube des Messias Jesus, sondern auch der Glaube der Heilung Suchenden vonnöten ist: »Dein Glaube hat dir geholfen!« sagt Jesus am Ende zu den Geheilten. In manchen Geschichten wird auch von einem stellvertretenden Glauben erzählt, wie in der Geschichte von der Heilung des Gelähmten, dessen Freunde ein Dach abdecken, um ihn zu Jesus zu bringen. (Mk 2,1-12par) Nach dieser Aktion müssen sie gar nichts sagen, sie spricht für sich. »Als Jesus ihren Glauben sah, sprach er zu dem Gelähmten: deine Sünden sind dir vergeben«, um in einem zweiten Schritt das ebenso erlösende »Steh auf und geh!« zu sprechen. Geschickt verknüpft hier Markus die nachfolgende Predigt Jesu über die Sündenvergebung mit der vorausgehenden Heilpraxis. Immer geht es darum, dass Grenzen zwischen Gott und den Menschen, aber auch zwischen Menschen untereinander aufgehoben werden. In der Aufhebung von Sünde ebenso wie von Krankheit liegt die Zusage, dass die Fehlschläge der Vergangenheit aufgehoben sind, dass das Leben immer wieder neu beginnen kann: »Und zwischen Himmeln und Erden ist wieder Anbeginn.«[54]

Es geht nicht zuletzt immer wieder um die Hereinnahme und Wiederaufnahme von kultisch und sozial Ausgegrenzten in die Gemeinschaft. In der Regie des Weges Jesu bei Markus wird dieser Gedanke auf die Menschen außerhalb des Gottesvolkes ausgeweitet. Die Tochter der heidnischen syrophönizischen Frau wird geheilt – ihr hilft ihr Glaube, mit dem sie hartnäckig darauf besteht, dass von dem Brot für die Kinder (Israels) auch ein paar Bröckchen für die »Hunde« (die Heiden) übrig bleiben. Entsprechend erzählt Markus die Geschichte von der wunderbaren Brotvermehrung zweimal, einmal vor und einmal nach dieser Geschichte von der Grenzüberschreitung des Messias ins Heidenland, einmal mit 5.000 und einmal mit 4.000 Gesättigten. Und auch die beiden Geschichten von der Heilung des Taubstummen und des Blinden folgen diesem Schema, das den Messias zum Heiland für alle Welt macht. Diese Geschichten sind gleich in mehrerer Hinsicht außergewöhnlich. Sie sind ausschließlich bei Markus überliefert und zeigen ausnahmsweise Jesus ohne weitere Wortverkündigung als einen charismatischen Heiler mit einer entsprechenden Heilpraxis. Diese wird sehr anschaulich mit den Ritualen magischer Heilkunde beschrieben, bei denen der Heiler einen möglichst »sinnenhaften körperlichen Kontakt zwischen sich und einem Patienten herstellt, um sein ›Mana‹ in den Kranken einströmen zu lassen«.[55] Ohren und Augen werden von

Jesus mit Speichel bestrichen, bei der Heilung des Taubstummen wird eine Beschwörungsformel gesprochen: »Effata – Tu dich auf!« Dass eine intensive körperliche Berührung und die Übertragung eigener Körpersäfte bei Heilungsprozessen eine Rolle spielen können, ist von alters her bekannt. Von Kaiser Vespasian berichtet die Legende, er habe einen Blinden mit seinem Speichel geheilt und sei daraufhin von diesem als künftiger Kaiser erkannt worden. In Märchen wird mit Speichel, Blut und auch mit Tränen geheilt, wie bei dem glücklichen und tränenreichen Wiedersehen zwischen Rapunzel und dem erblindeten Königssohn: »Zwei von ihren Tränen aber benetzten seine Augen, da wurden sie wieder klar und er konnte sehen wie sonst.«[56] Und noch heute wird auf die schmerzhafte Beule gespuckt und gepustet mit der Beschwörungsformel: »Heile, heile Segen!« »In gerade solcher Weise sieht man Jesus denn auch in der Wundererzählung des Markus auftreten. Er streichelt den Blinden, den man zu ihm bringt, wie eine Mutter ihr Kind ... In dem Moment, wo die Hände Jesu die Augen dieses Mannes berühren, drückt sich etwas von dem aus, was er als Lebensgefühl eigentlich einem jeden vermitteln möchte: ein Gefühl, von Grund auf behütet und umfangen zu sein. Und auch das Bestreichen der Augen wird man in diese Richtung verstehen müssen: es soll mit dem Empfinden von Wärme und Feuchtigkeit in dem Kranken ein Gefühl auslösen, noch einmal in den Mutterschoß zurückzukehren und in der gleichen Weise wie damals unbedroht und unangefochten zu sein.«[57] Dieses von Eugen Drewermann unermüdlich angewandte psychotherapeutische Erklärungsmuster trifft nur teilweise die Aussagen der biblischen und überhaupt der antiken Heilungsgeschichten, auch wenn es heute bei der Gemeinde der KalenderblattpsychologInnen so gut ankommt. Natürlich spielen die magischen Heilungsrituale auch bei Jesus eine bedeutsame Rolle, aber es geht nicht nur um die Sensibilität eines sanften Therapeuten. Nichts weniger wird geschildert als der Machtkampf zwischen den Kräften des Lebens und des Todes, die heilende und verändernde Praxis Jesu wird verstanden als ein Zeichen der kommenden Heilszeit, in der es nicht dunkel bleiben wird über und in denen, die in Angst sind. (Jes 42,7)

Was bedeuten dann also die Geschichten von der Heilung des Taubstummen und des Blinden im Kontext von Jesus, dem Messias? Zunächst einmal Heilung von wirklicher Krankheit und wirklichem Leid, nicht von dem inneren Drama psychogener Phänomene. Die Geschichten antworten auf die prophetische Vision von dem Tag, »an dem die Augen der Blinden aufgetan und die Ohren der Tauben geöffnet werden« (Jes 35,5), wenn Gott mit dem Kommen des Messias seine Schöpfung wieder herstellt. Sie wollen zeigen, dass mit den heilenden und befreienden Aktionen des Messias Jesus die Macht der Sünde und des Todes in ihren physischen und psychischen, politischen und sozialen Erscheinungsformen gebrochen ist. Doch ist das keine einfache Wahrheit. Denn der Messias in Vollmacht ist zugleich der Messias in Ohnmacht, der leiden und sterben wird und dadurch erst Leid und Tod besiegt. In diesem Zusammenhang erweist sich die Sprengkraft der Wundergeschichten: dass Jesus eben nicht der göttliche Wundermann ist, der »theios aner«, wie ihn die hellenistische Tradition kennt, sondern der, »dessen Messianität nicht anders erkannt wird als in seinem Leiden«[58]. Dieses Leiden aber ist Folge einer Praxis, die heilt und befreit, aber auch Feinde schafft, einer Praxis, die den Messias ans Kreuz bringt, weil er die Machtfrage stellt.

Ein Blick auf den Kontext der Markus-Überlieferung soll das verdeutlichen. Die zweite Geschichte von der Heilung des Blinden schließt den dritten Teil des Markusevangeliums ab, in dem es um Brotessen und Sattwerden, um rein und unrein, um Verstehen und Nichtverstehen geht – und um die Ortsveränderung, die Überschreitung der Grenze hin zu den Fremden.

Es geht um einen grundsätzlichen Standortwechsel, um eine neue Lebenspraxis, die alle einschließt, um das Aufbrechen religiöser und kultischer Tabus, die Überschreitung sozialer und nationaler Grenzen, um die Überwindung der vielfältigen Berührungsängste, mit denen sich Menschen und Völker voneinander abschotten. Darin liegt das Befreiende für die einen und das Anstößige für die anderen. Für die Befreiten bedeutet die Grenzüberschreitung Jesu Sattwerden und Heilwerden für alle, auch für die Kranken und Armen, für die sozial und kultisch Ausgegrenzten. In dieser Aufhebung sozialer, religiöser und kultischer Exklusivität zerbricht aber auch die Macht derer, die ihre gesellschaftlichen Privilegien aus ihr herleiten. Hier wird es zum Konflikt kommen, wenn Jesus nun nach Jerusalem zieht, um, wie schon die Propheten Israels, den Tempel und die Tempelaristokratie anzugreifen.

Doch noch ist es nicht soweit. Zunächst geht es in den folgenden Texten bei Markus um Verstehen und Nichtverstehen der Botschaft und Praxis Jesu. Dass die Überwindung von Berührungsängsten und der Verzicht auf Privilegien das Zeichen der kommenden Heilszeit sein soll, ist den Gegnern Jesu unvorstellbar und den Jüngern Jesu unverständlich. Die Gegner fordern ein (anderes!) Zeichen, die Jünger eine Erklärung. (Mk 8,11f.) Beides wird ihnen verweigert. Stattdessen fragt Jesus: »Versteht ihr immer noch nicht?« (Mk 8,21) Erst in den folgenden Leidensankündigungen Jesu werden den Jüngern nach und nach die Augen geöffnet. Dieser stufenweise Prozess wird in der Geschichte von der Heilung des Blinden symbolisch vorweggenommen. Was aber werden sie erkennen müssen? Zu ihrer Enttäuschung und ziemlich widerwillig müssen sie erkennen, dass der Messias nicht exklusiv zu haben ist, zum eigenen Vorteil, sondern dass er seine Messianität dadurch erweisen wird, dass er selber zu den Ausgegrenzten gehört. Diese Erkenntnis wird sich nur durch viele innere Widerstände Bahn brechen, und aussprechen wird sie der heidnische Hauptmann unter dem Kreuz: »Dieser ist Gottes Sohn gewesen!« Dass dort »tiefste Verhüllung, Prozess und Kreuz die Hoheit Jesu erst erkennbar« machen, ist das »Messiasgeheimnis«, das bei Markus die Vorstellung vom göttlichen Wundermann immer wieder so eigentümlich bricht. »Das Messiasgeheimnis umschreibt das Wesen der Messianität Jesu, die kerygmatisch, das heißt von Kreuz und Auferstehung her verstanden werden muss, wenn sie wirklich erfasst werden will.«[59] Kein Jünger steht da, um sich zu dem gekreuzigten Messias zu bekennen, nur einige Frauen aus Galiläa, die von ferne zusehen – aber das ist eine andere Geschichte.

Die Geschichten von Jesus, dem Heiler, sind Geschichten von Trost und Zuwendung, Heinrich Böll sprach von einer »Theologie der Zärtlichkeit«[60]. Die hat aber nur dann ein Recht, sich auf Jesus zu berufen, wenn sie nicht nur die Berührungen zulässt, die uns angenehm sind. Es geht um mehr als um Sensibilität und Körperkontakt; Markus entwirft sein Bild von Jesus, dem Messias, mitten in der multikulturellen Gemeinde eines Einwandererviertels, wahrscheinlich dem Hafenviertel in Rom. Er weiß, was Ausgrenzung und Überwindung von Ausgrenzung bedeutet. Und so fordern seine Botschaften uns auch heute heraus, Berührungsängste zu überwinden, mit denen wir uns gerade in der »Festung Europa« einmauern, in die Bastion der Kirchenmauern zurückziehen, die Verlierer der globalisierten Welt nicht wahrnehmen wollen. Markus will uns sagen, dass wir unser Leben nur gemeinsam gewinnen können und dass dazu der Mut gehört, Privilegien und Vorrechte verlieren zu können. Die Zärtlichkeit Jesu hat nichts zu tun mit der religiösen Kuschelecke, die wir so gerne hätten in einer kalt gewordenen Welt. Im Namen Jesu können wir ihr nur dann Wärme geben, wenn wir in seiner Nachfolge lernen, solidarisch zu leben: »Solidarität ist die Zärtlichkeit der Völker«. Diese Perspektive kann nur herrschaftskritisch sein in einer Zeit, in der das Recht des Stärkeren in Wirtschaft und Gesellschaft weltweit zu triumphieren scheint. Aber nur sie bewahrt etwas von der messianischen Hoffnung, dass, mit den Worten von Pablo Neruda, »die Völker einer großen Zärtlichkeit entgegengehen. Diese Hoffnung ist unerbittlich!«

Kontexte

Nicht-Heilung eines Mannes mit einer verdorrten Hand

Eines Sonntags kam Anatol wieder einmal in eine Kirche. Dort war ein Mann, der hatte eine gelähmte Hand. Und sie belauerten ihn, ob er ihn heilen würde. Da sprach er zu dem Mann: »Steh auf und tritt herzu, dass alle dich sehen.« Darauf fragte er sie: »Ist es erlaubt, am Sonntag in einer Kirche die Wahrheit zu sagen?« Sie aber schwiegen. Er warf auf sie einen zornigen Blick, von großem Schmerz ergriffen ob ihres Herzens Härtigkeit, und sagte zu dem Mann: »Ich wünschte sehr, du könntest deine Hand wieder ausstrecken, aber es steht nicht in meiner Macht. Ich bin weder Arzt noch Zauberer. Ich bin nichts als ein Mensch. Was vermag denn ein Mensch für einen anderen zu tun? Nicht viel ... Was hältst du davon, wenn wir zusammen gehen und einen Schluck trinken? Und sie gingen alle beide. Alsbald hielten die Frommen und die Bürger Rat, wie sie sich seiner entledigen könnten.

Michel Clévenot, aus: Brigitte Kahl/Volker Kahl, Aufgestanden gegen den Tod, Berlin 1984, S. 133.

*

Anbeginn

Mein Leben setzt sich zusammen:
Ein Tag wie dieser. Ein anderer Tag.
Glut und Asche und Flammen.
Nichts gibt es, was ich beklag.

Was soll schon noch Großes kommen?
Man steht auf, man legt sich hin.
Auseinandergenommen,
verlieren die Dinge den Sinn.

Doch manchmal sind solche Stunden
Von Freiheit vermischt mit Wind.
Da bin ich ungebunden
Und möglich wie als Kind.

Und alles ist noch innen
In mir und unverletzt.
Und ich fühle: gleich wird es beginnen.
Das Wunder kommt hier und jetzt

Und frei von Furcht und Hoffen
Und also frei von Zeit.
Und alle Wege sind offen.
Und alle Wege sind weit

Und alles kann ich noch werden
Was ich nicht geworden bin
Und zwischen Himmeln und Erden
Ist wieder Anbeginn

Eva Strittmatter

Aus: Eva Strittmatter, Sämtliche Gedichte, erweiterte Neuausgabe, Aufbau Verlag 2015,
© Aufbau Verlag GmbH & Co. KG, Berlin 1973, 2015.

Wer bist Du, Christus?

Der Weg nach Jerusalem

Nachdem Markus den Messias Jesus über die Grenzen Israels hinausgeschickt hat, beginnt in dem weiteren Abschnitt des Evangeliums der Weg Jesu nach Jerusalem. Auf diesem Weg wird den Jüngern – und damit der Markusgemeinde – die Frage nach der Messianität Jesu beantwortet, die Frage: »Wer bist Du, Christus?« Die Antwort auf diese Frage wird den Jüngern nicht gefallen!

Zuerst scheint alles ganz richtig zu laufen. Für wen halten mich die Leute, fragt Jesus seine Jünger, und sie zählen auf, was man damals so über ihn dachte: einer der Propheten, Elia, Johannes der Täufer. Und für wen haltet ihr mich?, fragt Jesus, und Petrus gibt die richtige Antwort: Du bist der Messias, der Christus! Das soll aber niemand erfahren, sagt Jesus. Denn der Messias soll nicht seine Macht offenbaren, sondern in seiner Ohnmacht erkannt werden: »Er begann, sie darüber zu belehren, der Menschensohn müsse vieles erleiden und von den Ältesten, Hohenpriestern und Schriftgelehrten verworfen werden; er werde getötet, aber nach drei Tagen werde er auferstehen.« (Mk 8,31) Das wollen die Anhänger Jesu nicht hören – Petrus bringt es deutlich zum Ausdruck, und er bekommt gesagt: »Weg mit dir, Satan, geh mir aus den Augen. Denn du hast nicht das im Sinn, was Gott will, sondern was die Menschen wollen.« (Mk 8,33)

Was wollen denn die Menschen, gerade auch die Jünger? Sie wollen den siegreichen Messias, der die Machtfrage stellt und in seiner Herrschaft das Reich Gottes verwirklicht. Markus weiß natürlich bereits, dass das Gegenteil geschehen ist. Und so gibt er der Messianität Jesu in dessen Leidensankündigungen eine neue Bedeutung, einen grundlegenden Perspektivenwechsel. Hatten die Jünger gehofft, mit dem siegreichen Messias zur neuen Machtelite zu gehören, wird ihnen nun nach und nach klargemacht, dass die Nachfolge Jesu bedeutet, wie er das Kreuz auf sich zu nehmen. Auf die Frage, wer der Größte im kommenden messianischen Reich sein wird, wird ihnen gesagt, dass der Erste der Letzte und der Diener aller sein wird. (Mk 9,35) Und auf die Bitte der beiden Jünger, die zusammen mit Petrus den »harten Kern« der Jesusbewegung bilden, ihnen mögen nach dem Sieg des Messias die Ehrenplätze neben ihm zukommen, wird am Ende des Weges nach Jerusalem diese programmatische Erklärung abgegeben: »Ihr wisst, dass die Herrscher ihre Völker unterdrücken und dass die Mächtigen ihre Macht über die Menschen missbrauchen. Bei euch aber soll es nicht so sein, sondern wer bei euch groß sein will, soll der Diener aller sein ... denn auch der Menschensohn ist nicht gekommen, um sich dienen zu lassen, sondern um zu dienen und sein Leben zu geben als Lösegeld für viele.« (Mk 10,42ff.)

Entgegen den Erwartungen verfolgt die messianische Befreiungsbewegung, die sich auf den Messias Jesus beruft, nicht einen Austausch der Machteliten, sondern die vollkommene Herrschaftsfreiheit zugunsten einer solidarischen, geschwisterlichen Gemeinschaft, in der sich das Reich Gottes verwirklicht. Der Messias Jesus wird nicht der nach weltlichen Maßstäben »Gesalbte«, der neue David sein. Das machen zwei weitere Geschichten deutlich, die im Markusevangelium am Ende des Weges nach Jerusalem den Auftakt zur Passionsgeschichte bilden.

Der letzte Teil des Weges beginnt mit dem Einzug Jesu in Jerusalem. Auch bei dieser Geschichte überdecken die idyllischen frommen Bilder den tieferen Sinn des Textes. Erst einmal werden in der Geschichte, die Markus erzählt, keine Palmzweige geschwungen, sondern »die Leute rissen auf den Feldern von den Büschen Zweige ab und streuten sie auf den Weg«, andere breiteten ihre Kleider auf der Straße aus. (Mk 11,1-11par) Es ist wirklich kein prominenter roter Teppich und erst recht kein königlicher Empfang, eher eine Parodie des »Adventus«, der feierlichen Ankunftszeremonie bei einem Besuch des Kaisers. Doch Markus wird auch zum Ausdruck bringen, was sich die Menschen von diesem Kleinleute-Messias, der auf einem Esel in die Königsstadt reitet, erhoffen: »Hosanna! Gesegnet sei das Reich unseres Vaters David, das nun kommt! Hosanna in der Höhe! (Mk 11,9) Doch der Messias Jesus wird das Reich Davids nicht wieder aufrichten. Er wird einfach nur in den Tempel gehen und danach mit seinen Jüngern zu einer Art Basisstation nahe Jerusalem, nach Bethanien, zurückkehren. Von dort lässt ihn Markus an zwei weiteren Tagen zum Tempel aufbrechen, um ihn als »Räuberhöhle«, als größte Bank der Provinz zu entlarven und die prophetische Kritik am Tempelkult zu erneuern. Bei den Auseinandersetzungen innerhalb der Tempelanlage wird deutlich, wer die innerjüdischen Gegner Jesu sind; Markus nennt jedes Mal diese drei Gruppen: die Ältesten, Hohenpriester und Schriftgelehrten, und er betont, dass diese »das Volk« fürchten, weil es große Sympathien für die Worte und Aktionen Jesu hat.

Der Einzug Jesu wird von allen vier Evangelisten erzählt, auch wenn Johannes dieses Ereignis an einer anderen Stelle einfügt und aus dem Gestrüpp Palmenzweige macht. Die Aktion ist also schon sehr früh geschildert worden, und es ist gut möglich, dass sie auch wirklich so stattgefunden hat. Doch auch in diesem Fall war es nicht einfach ein »Happening«, sondern eine Aktion, die sich bezieht auf den prophetischen Text des Sacharja: »Du, Tochter Zion, freue dich sehr, und du, Tochter Jerusalem, jauchze! Siehe, dein König kommt zu dir, ein Gerechter und ein Helfer, demütig und reitet auf einem Esel. Vernichtet werden die Kriegswagen und Streitrosse, vernichtet wird der Kriegsbogen. Er verkündet den Völkern den

Frieden und seine Herrschaft wird reichen von Meer zu Meer und vom Euphrat bis zu den Enden der Erde.« (Sach 9,9f.) Hier wird endgültig klar, dass der Einzug Jesu in Jerusalem nach der Regieanweisung des Propheten Sacharja gestaltet worden ist, nicht als sanfte Idylle, sondern als Ansage eines anderen Königs: gewaltlos und machtlos, gerecht und demütig, ein Helfer und doch eine Macht – es geht um Abrüstung, um universale Friedensordnung, nicht um einen Frieden, für den man erst einmal mit Kriegswagen und Streitrossen siegen muss.

Am Ende der drei Tage im Tempel hat sich der Messias Jesus genug Feinde gemacht, er wird den Tempel verlassen und Markus, der ja das Ende des Tempels bereits vor Augen hat, wird dem stolzen Bauwerk ein abschließendes Wort Jesu hinterherschicken. Auf den bewundernden Ausruf: »Welche Steine! Welche Bauten!« wird er antworten: »Kein Stein wird auf dem anderen bleiben«, und in dem Gleichnis, das von den ungerechten Eliten in Israel, von der Tempelaristokratie, handelt, wird Markus den Jesus ein Wort aus Psalm 118 sagen lassen: »Der Stein, den die Bauleute verworfen haben, ist zum Eckstein geworden.« Damit geht es für Markus nach dem Ende des Tempels weiter, mit dem Eckstein, dem Schlussstein eines Gewölbes, der das neue unsichtbare Haus der messianischen Gemeinde aus Juden und Heiden zusammenhält.

Mit dem Verlassen des Tempels beginnt bei Markus die Geschichte vom Leiden und Sterben des Messias Jesus, wobei zum Auftakt dieser Passionsgeschichte noch einmal eine antikönigliche Aktion erzählt wird. »Als Jesus im Haus Simons des Aussätzigen in Bethanien am Tisch saß, kam eine Frau mit einem Alabastergefäß mit kostbarem Nardenöl, zerbrach es und goss es über sein Haupt.« (Mk 14,3) Hier also findet die messianische Salbung statt, im Haus eines Aussätzigen, vollzogen von einer unbekannten und namenlosen Frau! Auf die Reaktion der Jünger, die sich über solche Verschwendung aufregen, sagt der Messias: »Sie hat meinen Leib im Voraus für mein Begräbnis gesalbt.« (Mk 14,8) Damit macht der Evangelist endgültig klar, dass dieser »Gesalbte« nicht in seiner Macht, sondern seiner Ohnmacht erkannt werden soll. Das bringt den Perspektivenwechsel noch einmal auf den Punkt, und Markus versäumt nicht, das Unverständnis der Jünger noch einmal unmissverständlich deutlich zu machen. Und als kurz darauf der Messias Jesus gefangen genommen wird, heißt es bei Markus lapidar: »Da verließen ihn alle Jünger und flohen«. (Mk 14,50)

Kontexte

Die entscheidende Frage

Als Jesus einmal in der Einsamkeit gebetet hatte und die Jünger sich wieder um ihn scharten, fragte er sie: »Für wen halten mich die Leute?« Sie gaben ihm zur Antwort: »Für Johannes den Täufer«, »für Elija«, »ja, sie sagen: einer der alten Propheten ist wiedergekommen!« – »Jedenfalls halten sie dich für einen ganz bedeutenden Menschen. Sie sagen: Jesus, das ist ein wirklich guter Mensch, ein Vorbild für alle. So ein Lehrer der Humanität wie Sokrates zum Beispiel oder Goethe oder Gandhi, sagen sie. Manche bezeichnen dich auch als einen großen Sozialreformer ... Einen Revolutionär der Liebe, so hat dich einer genannt!«

»Und ihr?«, fragte er weiter, »was sagt ihr von mir?«

Da gab Simon Petrus zur Antwort, und man merkte gleich, er hatte inzwischen seinen Rahner wohl studiert: »Du bist, wie die Kirche gegen alle Missbildungen und Verkürzungen – besonders in Richtung auf eine bloße Gesinnungseinheit mit Gott – entfaltete und zumal auf den früheren Konzilien von Ephesus und Chalzedon formulierte, die zweite Person der Heiligen Dreifaltigkeit, der Sohn des Vaters, der Logos mithin, sein göttliches Wort, das von der Ewigkeit her im Besitz des vom Vater mitgeteilten einen göttlichen Wesens ist, das in der

Zeit aus Maria eine menschliche Natur als vollendete eigene Wirklichkeit angenommen hat, so dass du in der Einheit derselben göttlichen Person eine göttliche und eine menschliche Natur unvermischt und ungetrennt besitzt und als derselbe, also wahrhaft Gott und Mensch, zu glauben und zu bekennen bist.«

Er war ein bisschen außer Atem, der Simon Petrus, als er das gesagt hatte, aber es war ein großartiges Bekenntnis. Es schien ihm freilich, als ob Jesus ein wenig lächelte. Auf jeden Fall verbot er den Jüngern streng, dies irgendjemandem zu sagen.

Lothar Zenetti
Aus: Lothar Zenetti, Die wunderbare Zeitvermehrung, München 1993, S. 102, © Paulinus Verlag GmbH, Trier.

Judas Song

Every time I look at you I don't understand
Why you let the things you did get so out of hand
You'd have managed better if you had it planned
Why'd you choose such a backward time and such a strange land?
If you'd come today you would have reached a whole nation
Israel in 4 BC had no mass communication
Don't you get me wrong – I only want to know

Jesus Christ, Jesus Christ
Who are you what have you sacrificed?
Jesus Christ Superstar
Do you think you're what they say you are?

Tell me what you think about your friends at the top
Who you'd think beside yourself 's the pick of the crop?
Buddha was he where it's at? Is he where you are?
Could Mohammed move a mountain or was that just PR?
Did you mean to die like that? Was that a mistake?
Or did you know your messy death would be a record-breaker?
Don't you get me wrong – I only want to know

Jesus Christ Jesus Christ
Who are you what have you sacrificed?
Jesus Christ Superstar
Do you think you're what they say you are?

Andrew Lloyd Webber / Tim Rice, Jesus Christ Superstar, A Rock Opera, London 1968.

✱

Im Briefkasten liegt ein Zettel
Verlass das Haus
Und ein anderer
Jesus war bei dir

Jesus wer soll das sein?
Ein Galiläer
Ein armer Mann.
Aufsässig.
Eine Großmacht
Und eine Ohnmacht

Immer.
Heute noch.

Marie Luise Kaschnitz
© Dr. Dieter Schnebel

Drei verschiedene Versuche, den Tod Jesu zu deuten

Die Passion Jesu als Leiden und Leidenschaft

Welchen Sinn hatte das Leiden und Sterben des Messias Jesus? Wie konnte Gott zulassen, dass der Messias von den heidnischen Römern gekreuzigt wurde? Die Antwort der jüdischen Zeitgenossen ist klar, damals wie heute: Jesus mag ein guter Mensch, ein Prophet Gottes, ein interessanter Rabbi gewesen sein – der Messias war er nicht. Er hat der Welt nicht den messianischen Schalom bringen können, das Friedensreich Gottes und seine Gerechtigkeit.

Von Anfang an hat sich die Gemeinde Jesu mit diesen Anfragen auseinandersetzen müssen. Die Evangelien bieten drei unterschiedliche Deutungsversuche zu diesem Geschehen an, die wiederum von der Jesustradition des jeweiligen Erzählerkreises abhängen. Allen gemeinsam ist aber, dass sie keine unmittelbar historischen Berichte sein wollen, sondern *Deutungen* eines historischen Ereignisses. Über die geschichtlichen Hintergründe der Verurteilung und Hinrichtung Jesu gibt es inzwischen gesicherte Erkenntnisse. Theologen, Historiker und Rechtswissenschaftler sind sich darin einig, dass die Schuld am Tod Jesu nicht bei den Juden, sondern bei den Römern zu suchen ist, auch wenn die Evangelien, aus Gründen des Selbstschutzes[61], den verantwortlichen Prokurator Pontius Pilatus zu entlasten versuchen. Der Prozess Jesu vor dem Hohen Rat kann aus rechtsgeschichtlichen Gründen so nicht stattgefunden haben, zudem berichten die Evangelien über unterschiedliche Orte und Abläufe. Zwischen den Zeilen und unter Berücksichtigung des zeitgenössischen Kontextes kann man vermuten, dass die jüdische Oberschicht, vor allem die Tempelaristokratie und das herodianische Königshaus, die weitgehend von der römischen Herrschaft profitierten, alle messianischen Bewegungen ablehnten und das Verlangen der Römer, dass »Ruhe herrsche im Land«, aktiv unterstützten. Möglicherweise waren sie auch einfach Realpolitiker, denen klar war, dass ein Aufstand gegen Rom die Existenz des ganzen Volkes gefährden würde, was am deutlichsten im Johannesevangelium ausgedrückt wird: »Es ist besser, ein Mensch stirbt für das Volk, als dass das ganze Volk verderbe!« (Joh 11,50) Es hat also möglicherweise ein Zusammenspiel gegeben von römischer Besatzungsmacht und Tempelaristokratie[62], die den Status quo gefährdet sah, in dem sie sich eingerichtet hatte.

Die Kreuzigung aber ist eine ausschließlich römische Todesstrafe, sie war zudem politischen Gegnern und Aufständischen vorbehalten. Sie sollte abschreckend wirken. Der Anblick der nackten gedemütigten Menschen in ihrem stundenlangen Todeskampf demonstrierte die Macht Roms in aller Brutalität. Während der Sklavenaufstände in Rom und des jüdischen Kriegs in Jerusalem säumten Tausende von Kreuzen die Straßen und Plätze der römischen Provinzen. Die Kreuzesinschrift INRI – Iesus Nazarenus Rex Iudaeorum – deutet ebenfalls darauf hin, dass im Hintergrund des Prozesses gegen Jesus der Vorwurf des Messianismus stand, der zur Erhaltung des »römischen Friedens« mit aller Härte niedergehalten werden sollte. Wahrscheinlich hat es lediglich ein kurzes Standgericht vor Pontius Pilatus gegeben. Nur römische Bürger konnten einen Prozess nach römischem Recht erwarten, Menschen wie der Galiläer aus Nazareth wurden »standrechtlich gekreuzigt«.[63]

Die Passionsgeschichte, die Markus erzählt und die in ihrem Ablauf von Matthäus und Lukas übernommen wird, spiegelt die Erfahrungen gescheiterter Befreiungsbewegungen wider: den Aufbruch, den kurzfristigen Erfolg, die Begeisterung, die Enttäuschung, den Verrat, die Flucht, die Verleugnung, das Ende der großen Hoffnungen. Nach den Berichten des Markus und

Matthäus stirbt der gekreuzigte Jesus in tiefer Verlassenheit. In ihrer Darstellung des Todes Jesu findet sich kein heroisches oder versöhnliches Wort, nur der Beginn eines Klagegebetes aus den Psalmen Israels, den der Gekreuzigte herausschreit: »Mein Gott, mein Gott, warum hast du mich verlassen?« Auch wenn diese Szenerie der geschichtlichen Wirklichkeit vielleicht am nächsten kommt, so sind diese Worte Jesu, dem das Zitat aus Psalm 22 in den Mund gelegt wird, bereits eine Deutung des Geschehens. Die ersten, noch dem Judentum verbundenen Überlieferer sahen in dem Gekreuzigten einen der Gerechten Israels, die mit Leib und Leben für das Recht Gottes und die Gerechtigkeit unter den Menschen eingetreten sind und die mit ihrem stellvertretenden Leiden und Sterben den Bund zwischen Gott und seinem Volk bewahrten. Der Psalm 22 aus der Tradition der Prophetie liefert aber nicht nur das Deutungsmuster für den Tod Jesu, sondern auch eine Art Regieanweisung für die Kreuzigungsszene. Am Ende gibt er der Hoffnung Ausdruck, dass das Scheitern des Gerechten nicht endgültig ist und dass der Tod nicht das letzte Wort behält. Der Beter, der zu Beginn verzweifelt fragt, warum Gott zu Unrecht und Gewalt schweigt, bekennt am Ende den Glauben, dass Gott ihm Recht geben und die Gewaltgeschichte nicht nur für ihn, sondern auch für die vielen anderen Opfer von Unrecht und Gewalt beenden wird. Dieses jüdische Trotz alledem! halte ich an dir fest und spreche »Du bist mein Gott!« (Ps 31,15 und 73,23) findet am Ende seinen Ausdruck in der Botschaft von der Auferweckung des gekreuzigten Messias. Es ist der Ausdruck einer unerbittlichen Hoffnung auf den Sieg des Lebens und der Gerechtigkeit über die Mächte der Gewalt und des Todes.

Hier wie in den anderen Darstellungen bei Lukas und Johannes wird deutlich, dass die »letzten Worte Jesu« zum Ausdruck bringen sollen, wie die Überlieferer den Tod Jesu, aber auch seine Gestalt zu deuten versuchen, sie sind »kurz gefasste Christologie«. Und auch hier gibt es eine grundlegende Gemeinsamkeit: der Begriff »Passion« wird in einem doppelten Sinn verstanden, als »Leiden«, aber auch als »Leidenschaft«. Die Passion Jesu ist kein passives Erdulden, sondern Ausdruck leidenschaftlicher Liebe und Hingabe, ein aktives Eintreten für die Menschen und die Welt. Aber wie wird *Gott* in diesen unterschiedlichen Deutungen erfahren?

In den Passionsgeschichten von Markus und Matthäus ist Gott der *verborgene* Gott, der anscheinend zum Tod des Messias schweigt, der nicht eingreifen will oder kann, an dem aber der verlassene Messias mit dem Glauben »trotz alledem« festhält, wie vor ihm und nach ihm unzählige andere fromme Juden: »Hastores Ponim – das heißt: jetzt ist die Zeit, da Gott sein Gesicht verbirgt ... Was noch, o sag es uns, was noch muss geschehen, damit Du Dein Gesicht vor der Welt wieder enthüllen wirst?«[64], heißt es in einem jiddischen Text über den Untergang des Warschauer Ghettos. Und weiter: »Ich glaube an den Gott Israels, auch wenn er alles getan hat, dass ich nicht an Ihn glauben soll.«

In der griechisch-hellenistischen Version des Lukas ist diese dunkle Seite der Gotteserfahrung bereits verdrängt. Der Gottessohn, der in der Perspektive des nichtjüdischen Christentums bereits eine göttliche und eine menschliche Natur besitzt, erscheint in den letzten Stunden seines Lebens als einer, der um seine Mission weiß und sie bewusst erfüllt, mit der Bitte um Vergebung für seine Peiniger und dem Zuspruch an den reuigen Mitgekreuzigten: »Noch heute wirst du mit mir im Paradies sein!« Sein Leiden und Sterben wird hier gedeutet als die Ermöglichung der Gnade und Erlösung bei Gott, der sich in diesem Geschehen als der *offenbare* Gott zeigt, der diese Mission gewollt hat und dem der Messias am Ende vertraut: »Vater, in deine Hände befehle ich meinen Geist.«

Einen ganz anderen Schwerpunkt setzt der Evangelist Johannes in seiner Deutung der Passion Jesu. Unter seinem Kreuz entsteht durch die Zusammenführung der Mutter Jesu mit dem Lieblingsjünger Johannes die Jesusgemeinde, die neue Familie der Söhne und Töchter Gottes. Diese neue Gemeinschaft wird schon in den Abschiedsreden Jesu sichtbar, der sie ermahnt: »Ein neues Gebot gebe ich euch: Liebt einander, so wie ich euch geliebt habe.« (Joh 15,12) Von allen Passionsgeschichten ist die Version des Johannes die leidenschaftlichste. Doch hier geht es nicht um die allgemeine Sündenvergebung, sondern darum, dass Jesus für »die Seinen« in den Tod geht: »Keiner hat größere Liebe als der, der sein Leben lässt für seine Freunde.« (Joh 15,13) Darin erweist sich der Messias Jesus als »Sohn Gottes«, dass er wie sein Vater bis zur Selbstaufgabe liebt. Weil der Mensch Jesus die Verkörperung des Wesens und des Willens des Vaters ist, erscheint Gott am Kreuz Jesu selbst als leidender und *ohnmächtiger* Gott. Gott gibt nicht seinen Sohn als blutiges Sühneopfer – er gibt sich selbst in ihm.

Im Bewusstsein der abendländischen Christenheit hat sich in dem Maße, wie das Christentum sich von seinen jüdischen Wurzeln löste, vor allem die Sicht des Lukas und damit eigentlich ein heidnisches Gottesverständnis durchgesetzt, die Vorstellung von einem Gott, der den Gottessohn schickt, um die sündige Menschheit durch seinen Opfertod zu erlösen. Bei ihm erscheint der Tod des Messias Jesus nun als eine von Gott gewollte und inszenierte Aktion. Eine solche Deutung kommt dem Wunsch nach einem machtvollen, erfolgreich eingreifenden Gott zweifellos näher als das Aushalten der dunklen Seiten Gottes in einem widerständigen Glauben gegen allen Augenschein.

Diese Tradition ist in der Christenheit allenfalls in der Tradition der Befreiungsbewegungen und der Mystik erhalten geblieben, die auch im Leiden einen Sinn und eine Möglichkeit der Gottesbegegnung sucht. Hier ist der Leidende nicht mehr ausschließlich passives Opfer, sondern in der aktiven Annahme seines Leidens Gestalter seiner Lebensgeschichte. Das ist das Geheimnis der Passion Jesu, dass in der leidensbereiten Leidenschaft für das Leben und in der Liebe zu den Menschen und zur Welt das Leiden dann einen Sinn erhält, wenn es dem Leben und der Zukunft dient. Gott ist nicht der Verursacher des Leidens. In der Passion Jesu leidet Gott selbst alle Leiden der Menschen mit. Darin aber liegt die Möglichkeit, dem Leid, das Menschen erfahren, das Schicksalhafte zu nehmen und die Hoffnung aufrecht zu erhalten, dass das Leben siegen wird über den Tod.

Kontexte

Kein aschermittwoch mehr
und keine zeit
für staub und rauch
und die erinnerung an jenen glaskasten voll brillen
aus horn und nickel ohne rand
verbogen manche
kleinere größere auch für kinder
ARBEIT MACHT FREI

Museen ja doch niemals aschenkreuze
du sollst nichts mehr behalten
das jähe licht das heute mittag
über den hudson fiel im vorfrühling
und auf dich stürzte noch betäubt von namen
der schädelstätten draußen vor der stadt
vergiss mach schnell
und die verzweiflung die mit zweiundzwanzig
dich überfiel weil keine asche da war

in einem vaterland der mörder
die männer in den medien wussten alles
was es zu wissen gab die scham
fing damals an uns zu ersticken
ein deutsches wunder herrschte in der tat
du sollst vergessen

Kein aschenkreuz kein ritual
der löschstift funktioniert
es wird nichts auf die stirn geschrieben
und asche wäre nötig um zu wissen
woher du kommst wohin du gehst
weil sprache gut ist zum verschweigen
und nichts erinnern will

Ein altes wort wie pferd und brunnen: asche
die kinder haben sie noch nicht geschmeckt
so sterben wörter ihren glatten tod
und bergen belsen ist ein kleines nest nichts weiter
keine erinnerung ist keine sünde
so sagen sie mir ahnungslos
kein aschermittwoch mehr

Dorothee Sölle
Aus: Dorothee Sölle, Fliegen lernen. Gedichte, Berlin 1979, © Wolfgang Fietkau Verlag, Kleinmachnow.

Compassio

Wenn Gott selbst ein Leidender ist, dann ist Leiden nicht einfach ein Malum, dem in Widerstand und Ergebung standgehalten werden kann, sondern eine Wirklichkeit, die mit dem fernnahen Gott zu tun hat und die in seine unbegreifliche Liebe hineingehört. Der Weg des nicht nur geduldeten, sondern freiwillig übernommenen Leidens, eben der Passionsweg, wird damit Teil des Lebensweges der Nachfolger.

Leiden trennt nicht notwendigerweise von Gott, sondern vermag uns gerade in Beziehung zu dem Geheimnis der Wirklichkeit zu setzen. Christus nachzufolgen bedeutet teilzunehmen an seinem Leiden. [...] Mitleiden in diesem Sinne, *compassio*, ist nicht Leiden, das Menschen sich durch beispiellose Askese selber zufügen; es entsteht angesichts der realen Situation anderer unschuldig Leidender aus Solidarität mit ihnen. [...]
Diese Freiwilligkeit ist ein Merkmal mystischen Leidens. *Compassio* bedeutet zunächst Mitleiden mit dem gekreuzigten Christus; der heute so heftig umstrittene Kult des Kreuzes, mit der Anwesenheit seiner Bilder in Kirchen und Schulen, Wegkreuzungen und Berggipfeln diente der Erziehung zum Mitleiden. Nach christlichem Verständnis hängt Christus weiterhin am Kreuz – bis zum Ende der Welt, wie Blaise Pascal sich ausdrückt, nämlich in den Opfern der Ungerechtigkeit, von denen jeder und jede als Geschwister Christi anzusehen sind. [...] Ohne *compassio* in diesem umfassenden Sinn ist eine Verwandlung des Leidens nicht möglich. Auch heute hängt die Mehrheit der Menschen am Kreuz des Imperiums, und in einem weitergehenden mystischen Verständnis des Leidens hängt auch unsere Mutter Erde mit ihren Arten und Elementen am Kreuz des Industrialismus. Ohne *compassio* keine Auferstehung. [...]
Die mystische Erfahrung Gottes entsteht aus der konkreten historischen Situation und kehrt notwendig in sie zurück, verändernd, handelnd und leidend. Eine Spiritualität, die sich jenseits der realen Geschichte entfaltet und von ihr unberührt bleiben will, mag bestimmten Merkmalen der Frömmigkeit entsprechen, »mystisch« ist sie nicht, wenn sie den Preis der Nähe Gottes im Handeln und Leiden der Welt verweigert. [...]
Es ist nicht Dolorismus, der Leiden sucht und sie sich auswählt, sondern ein mystischer Umgang mit der Realität, der aus dem passiven Überwältigtwerden zu einer freiwilligen Anteilhabe am Leiden der Erniedrigten und Beleidigten kommt. Diese Annahme [...] erkennt in dem, was andere »Fatum« nennen, den mitleidenden Gott, nennt ihn »Liebe« und wird so zum mithandelnden Subjekt, statt bloßes Objekt der Macht des Schicksals zu bleiben. Annahme entreißt der eisigen

Sinnlosigkeit ihre Macht, weil sie an der Wärme Gottes »auch im Leide« festhält. »Opfer« bedeutet in diesem Zusammenhang nicht, dass ein lebens- und menschenfeindlicher Gott mit Blut versöhnt werden müsse, oder dass dem Leiden selbst eine Heilsqualität zukäme; wohl aber spricht der Begriff die Partizipation der Menschen aus, die sich nicht abfinden, sondern in einem mystischen Trotz mitleidend darauf bestehen, dass nichts verlorengeht.

Dorothee Sölle
Aus: Dorothee Sölle, Gesammelte Werke 6: Du stilles Geschrei. Wege der Mystik, © Kreuz Verlag in der Verlag Herder GmbH, Stuttgart 2007, Auszüge, S. 181, 183, 185f., 192, 194f.

Aufständisches Golgatha

Als dein Weg endete, Christus,
als offenbar wurde,
dass Gottes Weg
der des Menschen war
bis zuletzt,

kamen zusammen,
denen du Bruder warst
in den Träumen
und im Brot der Armen,
blieben bei dir
denn du warst einer von ihnen,

kamen zusammen,
hielten inne,
als die Erde erbebte
und der Vorhang zerriss
und ihr Gott starb
wie Ihresgleichen.

Auf sich gestellt
In der Todesstunde Gottes,
der Mensch gewesen wie sie,
hoben sie ihre Hände
zum leer gewordenen Himmel
und begannen zu sehen:

Betrachteten tastend
Ihre ungelenken Finger,
ahnten ungläubig
die Stärke ihrer erhobenen Faust
und
– ungewohnte Berührung –
reichten sich die Hand.

Seht
die Gemeinschaft der Heiligen!
Verloren noch in ihrer Schwachheit
bereiten sie sich
zur Auferstehung

Unter dem Kreuz
das die Niedrigen erhöht
beginnt
zaghaft
das Fest der Hoffnung.

Renate Wind
geschrieben 1981 in Mexico, Oscar Arnulfo Romero zum Gedächtnis, auch in: Brigitte Kahl/ Volker Kahl (Hg.), Aufgestanden gegen den Tod, Berlin 1984, S. 90f.

»Was sucht ihr den Lebenden bei den Toten?«

Die Erzählungen vom Sieg des Lebens

Die Szene wurde so oft gemalt, dass wir eine ganz bestimmte Vorstellung von der »Auferstehung« Jesu haben. Der Streit geht eher darum, ob dieses Ereignis wirklich so stattgefunden haben kann. Liest man die biblischen Texte genauer, wird man allerdings eine überraschende Entdeckung machen: In keinem der Texte, die von der Auferstehung Jesu handeln, wird die eigentliche Auferstehungsszene tatsächlich beschrieben. Es wird vielmehr immer von dem leeren Grab erzählt, von der Botschaft der Engel und von verschiedenen wunderbaren Begegnungen mit dem Auferstandenen, aber nicht von einem sichtbaren und abbildbaren Vorgang – dieser bleibt in den biblischen Texten ein Geheimnis Gottes.

Am deutlichsten wird das im Matthäusevangelium. Dort wird erzählt, dass die Frauen, die zum Grab kommen, um den Leichnam zu salben, ratlos davor stehen: »Wer wälzt uns den Stein vom Grab?«, um dann zu sehen, wie der Engel das Grab öffnet. Doch es kommt keiner heraus – das Grab ist einfach leer. Für die Frauen und Männer, die in den Geschichten vom leeren Grab erwähnt werden, ist das aber noch kein Beweis für die Auferstehung. Sie befürchten vielmehr, dass der Leichnam weggeschafft wurde, was ja auch die Gegner Jesu und seiner Anhänger behaupten, die ein raffiniertes Täuschungsmanöver vermuten. Der Leichnam wurde gestohlen, der Gekreuzigte war nur scheintot – schon die biblischen Texte setzen sich mit Behauptungen auseinander, die bis heute zu immer neuen Verschwörungstheorien führen. Die Auferstehung Jesu ist also kein Thema für Sensationsmeldungen und auch kein Beweis für seine Messianität. Die Geschichten vom Sieg des

Lebens über den Tod haben wir nur als Glaubenszeugnisse derer, die uns davon erzählen.

Welche Botschaft enthalten nun aber diese Erzählungen genau? Was haben die Menschen damals mit der Vorstellung von »Auferstehung« verbunden? Zunächst einmal gibt es auch hier den schon häufiger beobachteten Unterschied zwischen der jüdischen und der griechischen Sichtweise. Die mit dem Judentum verbundenen Überlieferer sprechen statt von Auferstehung lieber von »Auferweckung«. Gott ist derjenige, der seinen Messias nicht im Tod lässt, so wie es von dem leidenden Gerechten in dem prophetischen Text des Jesaja heißt: »Der Herr fand Gefallen an seinem zerschlagenen Knecht, er rettete den, der sein Leben als Sühnopfer hingab ... Mein Knecht, der gerechte, macht die vielen gerecht; er lädt ihre Schuld auf sich. Deshalb gebe ich ihm seinen Anteil unter den Großen, weil er sein Leben dem Tod preisgab, denn er trug die Sünden von vielen und trat für die Schuldigen ein.« (Jes 53,10ff.)

Dieser Text wurde zu einem Schlüsseltext für die Deutung der Auferstehung in der Jesusgemeinde. Weil der leidende Gerechte nicht nach eigenem Ansehen und eigener Macht strebt, wird Gott ihn erhöhen und seine Ohnmacht in Macht verwandeln. Das hat auch mit dem biblischen Bundesgedanken zu tun: der Gerechte, der den Bund mit Gott einhält, hat sozusagen einen Anspruch darauf, dass Gott sich ebenfalls diesem Bund entsprechend verhält.

Die Geschichte von dem Tod und der Auferweckung des leidenden Gerechten ist damit ein Thema der jüdischen Martyriologie.[65] Diese Vorstellung entstand in einer Zeit, in der das Bekenntnis zu dem Gott Israels Leib und Leben kosten konnte, nämlich im zweiten Jahrhundert, als sich die Anhänger der israelitischen religiösen Tradition einem brutalen Assimilierungsdruck durch hellenistisch geprägte Herrscher gegenüber sehen. Erst hier tritt die Vorstellung einer individuellen Auferweckung von den Toten auf. So im Danielbuch und in den Büchern über den Aufstand der Makkabäer gegen die hellenistische Fremdherrschaft, einem ersten totalitären System, in dem es auch um die Gefährdung und Bewahrung jüdischer Identität ging. Im zweiten Makkabäerbuch wird beispielsweise von den sieben Söhnen und ihrer Mutter erzählt. Die Männer, die gegen jüdische Gesetze verstoßen sollen, weigern sich und müssen ihre Weigerung mit Folter und Tod bezahlen. Auf die heimliche Frage des Königs, wo nun die Macht Gottes sei, erhält er von einem der Sterbenden die Antwort: »Du Unmensch! Du nimmst uns dieses Leben. Aber der König der Welt wird uns zu einem neuen ewigen Leben auferwecken, weil wir für seine Gesetze gestorben sind.« (2. Makk 7,9) Am Ende wird der Herrscher die Mutter zu überreden versuchen, den jüngsten und letzten Sohn von dem fürchterlichen Martyrium abzuhalten, doch diese sagt zu ihrem Sohn: »Ich bitte dich, mein Kind, schau Himmel und Erde an, sieh alles, was es da gibt, und erkenne: Gott hat das alles aus dem Nichts erschaffen, und so entstehen auch die Menschen. Hab keine Angst vor diesem Henker, sei deiner Brüder würdig und nimm den Tod an. Dann werde ich dich zur Zeit der Gnade mit deinen Brüdern zurück bekommen.« (2. Makk 7,28f.). Es ist diese Geschichte, die die Mutter der Geschwister Scholl am Grab ihrer von der Nazijustiz ermordeten Kinder Hans und Sophie vorgelesen hat.

Erst mit der griechischen Vorstellung vom göttlichen Menschen kommt ein anderes Bild, nämlich das vom siegreich auferstehenden Jesus ins Spiel – doch selbst der griechisch geprägte Lukas wird keine Auferstehungsszene beschreiben. Es bleibt bei der Botschaft: »Was sucht ihr den Lebenden bei den Toten?« Verkündet wird diese Botschaft von einer Gestalt, die in der biblischen Tradition immer dann auftritt, wenn Gott selbst in die Welt eingreift, die Transzendenz in die Immanenz einbricht: vom Jüngling im weißen Gewand, vom Engel, vom Gottesboten. Und noch mehr verbindet der Bericht von der Auferstehung in den ersten drei Evangelien miteinander. Immer ist von dem »dritten Tag« die Rede, auch wenn diese zeitliche Bestimmung nach der Chronologie der erzählten Ereignisse kaum nachzuvollziehen ist. Immer wird allerdings deutlich herausgestellt, dass es der erste Tag nach dem Sabbat ist, an dem die Frauen das leere Grab vorfinden. Mit dem Sabbat endet im ersten Kapitel der Bibel die Schöpfung der Welt. Der erste Tag nach dem Sabbat wäre dann der erste Tag einer neuen Schöpfung Gottes, und der auferweckte Messias Jesus der erste Mensch dieser neuen Schöpfung, der »Erstgeborene aus dem Tod«[66]. Paulus wird ihn den »neuen Adam« nennen und von denen, die zu ihm gehören, sagen: »Ist jemand in Christus, ist er eine neue Kreatur! Das Alte ist vergangen, siehe es ist alles neu geworden!« (2. Kor 5,17)

Für die frühen Christen ist der Glaube an die Auferweckung Jesu verbunden mit der Hoffnung, dass Gott seine vielfach gefallene und gefährdete Schöpfung von Grund auf erneuern wird und dass die mit Jesus verbundenen Menschen wie er verwandelt und erneuert werden. Der Auferstandene ist bei und in den Lebenden, nicht den Toten!

Wo aber ist der lebende Jesus, der Messias, der Christus zu finden? Die Geschichten von Markus und Matthäus schicken die Jesusgemeinde zurück nach Galiläa: »Dort werdet ihr ihn sehen!« Die, die Jesus suchen, werden in die Nachfolge des irdischen Jesus geschickt, dort wird er zu sehen sein, und sie sollen ihn sichtbar machen! Damit erfolgt zugleich eine endgültige Abkehr von der Vorstellung von einem Messias auf dem Thron Davids. Die Geschichte des Messias Jesus geht nicht in Jerusalem weiter und auch nicht von Jerusalem aus, sondern von Galiläa, als Basisbewegung von unten. Matthäus beendet sein Evangelium mit dem sogenannten »Missionsbefehl«, der in Galiläa verkündet wird.

Lukas dagegen »bleibt« in Jerusalem, wird aber den Gedanken, dass der Messias anders als bisher erwartet gekommen ist, in seiner Geschichte von der Begegnung Jesu mit zwei Jüngern auf dem Weg nach Emmaus zum Ausdruck bringen. Diese erkennen den Auferstandenen zunächst gar nicht, was deutlich macht, dass es auch Lukas nicht um eine wundersame leibliche Auferstehung geht, sondern um eine andere Art der Begegnung mit dem lebendigen Jesus. Der wird zunächst nicht einmal in der Unterweisung erkannt, in der er den beiden den Sinn des Leidens und Sterbens des Messias darlegt, von dem sie sich doch anderes erwartet hatten: »Wir aber hatten gehofft, er würde Israel erlösen!« Noch einmal geht es um das »Messiasgeheimnis«, das erst aufgelöst wird, als die beiden Jünger den Unbekannten zum Bleiben einladen, damit er nicht hungrig und allein durch die Nacht weiterziehen muss: »Bleibe bei uns, denn es will Abend werden und der Tag hat sich geneiget.« Beim Brechen des Brotes erst erkennen sie den auferstandenen Herrn. Die rechte Praxis wird hier zum Ort der Erkenntnis, und der lebendige Herr wird gegenwärtig sein in der Praxis seiner Gemeinde, im Herrenmahl, im Teilen des Brotes, im Teilen des Lebens.

Ein ähnlicher Erkenntnisprozess vollzieht sich in der Geschichte von Maria von Magdala, die in der Begegnung mit dem Auferstandenen diesen für den Gärtner hält und ihn erst erkennt, als er ihren Namen ruft. »Ich habe dich bei deinem Namen gerufen, du bist mein!« ist eine Verheißung Gottes im Buch des zweiten Jesaja. Auch wenn diese Zusage zunächst an Israel geht, hat sie doch eine Rolle gespielt in der christlichen Taufpraxis, die oft mit der Nennung eines neuen Namens verbunden war. Die Taufe wird hier zur entscheidenden Begegnung mit dem unsichtbar anwesenden Herrn, dem nun das eigene Leben in seiner Nachfolge anvertraut wird. Der Auferstandene ist lebendig im Glauben und in der Nachfolge seiner Gemeinde. Ohne dies bliebe er für immer tot und begraben.

Kontexte

»Der letzte Atemzug wird uns gehören. Unsere Agonie wird unser Triumph sein.«

Sacco und Vanzetti, die 1927 von der US-Justiz ermordeten Gewerkschafter, kurz vor ihrer Hinrichtung

✳

There's to you Nicola and Barth
Rest forever here in our heart
The last and final moment is yours
That agony is your triumph

Joan Baez / Ennio Morricone, The Ballad of Sacco and Vanzetti

✳

Nichts von dem, was sie dir sagen,
nichts von dem, was sie dir schwören,
nichts von dem, was sie dir zeigen,
glaub ihnen.

Und wenn schließlich der Tag kommt,
an dem sie dich bitten vorbeizukommen,
um den Leichnam zu identifizieren,
und wenn du mich dort siehst,
und wenn eine Stimme zu dir sagt,
wir haben ihn getötet,
er floh der Folter,
er ist tot,
wenn sie dir sagen,
dass ich völlig, ganz, endgültig

tot bin,
glaub ihnen nicht,
glaub ihnen nicht,
glaub ihnen nicht.

Ariel Dorfmann, Chile
Aus: Brigitte Kahl, Volker Kahl (Hg.), Aufgestanden gegen den Tod, Berlin 1984, S. 155f.

✳

Argumente für die überwindung der ohnmacht

Wir haben den längeren atem
wir brauchen die bessere zukunft
zu uns gehören die leute mit den schlimmeren schmerzen
die opfer des kapitals
bei uns hat schon mal einer brot verteilt
das reichte für alle

Wir haben den längeren atem
wir bauen die menschliche stadt
mit uns sind verbündet die rechtlosen in den anstalten
und die landlosen in den städten
zu uns gehören die toten des zweiten weltkriegs
die endlich zu essen haben wollen gerechtigkeit
bei uns ist schon mal einer aufgestanden
von den toten

Dorothee Sölle
Aus: Dorothee Sölle, Die revolutionäre Geduld. Gedichte, Berlin 1974, © Wolfgang Fietkau Verlag, Kleinmachnow.

»Der Gott, der mit uns ist, ist der Gott, der uns verlässt«
Die Geschichten von Himmelfahrt und Pfingsten

Die Geschichten von Himmelfahrt und Pfingsten sind uns so vertraut, dass wir davon überzeugt sind, so und nicht anders habe die Geschichte der Kirche begonnen. Doch der Evangelist Lukas berichtet kein historisches Ereignis. In der dritten Generation christlicher Gemeinden sucht er eine eigene Antwort auf das Problem der ausbleibenden messianischen Wiederkunft. Die Erzählung von der Aufnahme des Messias in den Himmel und der nachfolgenden Ausgießung des Heiligen Geistes wird damit zu einem Krisenbewältigungsprogramm für Christinnen und Christen am Ende des ersten Jahrhunderts, die sich in ihren Nöten fragen, warum Gott sie allein lässt, warum der auferweckte Messias nicht endlich wiederkommt, um die Welt in Ordnung zu bringen. Diese Frage ist seitdem immer wieder gestellt worden und die Antworten darauf wurden immer neu gesucht:

»Und wir können nicht redlich sein, ohne zu erkennen, dass wir in der Welt leben müssen – ›etsi deus non daretur‹. Und eben dies erkennen wir – vor Gott!«, schreibt Dietrich Bonhoeffer in einem seiner letzten Briefe aus dem Gefängnis. »Gott selbst zwingt uns zu dieser Erkenntnis. So führt uns unser Mündigwerden zu einer wahrhaftigeren Erkenntnis unsrer Lage vor Gott. Gott gibt uns zu wissen, dass wir leben müssen als solche, die mit dem Leben ohne Gott fertig werden. Der Gott, der mit uns ist, ist der Gott, der uns verlässt.«[67]

Der Evangelist Lukas hat genau das mit seiner Geschichte von der »Himmelfahrt Jesu« auszudrücken versucht. Nur dieser Evangelist erzählt von einer »Himmelfahrt« Jesu, und das hat vor allem einen dramaturgischen Grund. Mit ihr endet der erste Teil seines Doppelwerkes, das Evangelium des Lukas, und mit ihr beginnt der zweite Teil, die Geschichte der Apostel.

»Jesus führte sie aber hinaus bis in die Nähe von Bethanien und erhob seine Hände und segnete sie. Und es begab sich, während er sie segnete, entschwand er ihnen und wurde in den Himmel empor gehoben. Und sie warfen sich anbetend vor ihm nieder und kehrten mit großer Freude nach Jerusalem zurück. Und sie waren allezeit im Tempel und priesen Gott. (Lk 24,50-53)

Dieser kurze Abschnitt über die »Himmelfahrt« Jesu ist nur eine Überleitung zum zweiten Teil des lukanischen Doppelwerkes, zur Apostelgeschichte, die eigentlich ursprünglich und genauer die »Praxis der Apostel« heißt. Sie beginnt mit einer zweiten Himmelfahrtsszenerie, die hier jedoch eine wichtige Ergänzung erfährt: für die »Praxis der Apostel« wird den Jüngern von Jesus ein Versprechen gegeben:

»Ihr werdet Kraft aus der Höhe empfangen, wenn der Heilige Geist über euch kommt, und ihr werdet meine Zeugen sein in Jerusalem und Judäa und Samaria und bis ans Ende der Erde. Und als er dies gesprochen hatte, wurde er vor ihren Augen emporgehoben, und eine Wolke nahm ihn auf, so dass er ihren Blicken entschwand. Und während sie zum Himmel aufschauten, siehe, da standen zwei Männer in weißen Kleidern bei ihnen, die sagten: Ihr Männer aus Galiläa, was steht ihr da und starrt in den Himmel? Dieser Jesus, der von euch weg in den Himmel emporgehoben worden ist, wird so wiederkommen, wie ihr ihn habt in den Himmel fahren sehen.« (Apg 1,8-11).

Soweit der lukanische Gesamtbericht über jenes »Ereignis«, das die »Zeit Jesu« und die »Zeit der Kirche«, die mit der Ausgießung des Heiligen Geistes beginnt, miteinander verbindet. Für Lukas geht es dabei nicht um historische Fakten, sondern um ein heilsgeschichtlich gedeutetes Ineinandergreifen von »Auferstehung, Himmelfahrt und Geistmitteilung«[68], das die Praxis der Apostel begründet, in der die »Auferstehung« Jesu erst konkret wird. Die Jünger sollen also dafür sorgen, dass die Botschaft von Jesus, dem Messias, mit dem die neue Welt Gottes mitten in der alten Welt wirklich werden soll, weiter geht. »Indem sich die Himmelfahrt vor den Augen der Apostel vollzieht, werden diese als Augenzeugen legitimiert, ein für die folgende Darstellung des Wirkens der Apostel entscheidender Akt. Die Himmelfahrt wahrt somit die Kontinuität zwischen der Zeit Jesu und der Zeit der Kirche, deren Träger die Apostel sind.«[69] Die »Himmelfahrt« Jesu ist geradezu die Bedingung dafür, dass seine Jüngerinnen und Jünger sich nun seiner Sache, und damit der Sache Gottes, *selbst* annehmen. Dietrich Bonhoeffer schreibt in seinem Buch »Nachfolge«: »Das Leben Jesu Christi ist auf dieser Erde noch nicht zu Ende gebracht. Christus lebt es weiter in dem Leben seiner Nachfolger (und Nachfolgerinnen).«[70]

Doch es geht dem Evangelisten Lukas nicht nur um die theologische Reflexion von Gemeindeexistenz und Nachfolgepraxis. Wie so oft in den biblischen Texten verbirgt sich in ihnen eine tiefere Dimension, das Wissen um Menschheitserfahrungen, die hier eine besondere theologische Deutung erfahren. »Was starrt ihr in den Himmel?«, fragen die Männer in weißen Kleidern, Boten Gottes, am Ende der Geschichte von der »Himmelfahrt« Jesu. Sie verweisen die Jünger Jesu ebenso wie die Leser(innen) und Hörer(innen) der Geschichte vom Himmel auf die Erde. Sie verweisen sozusagen vor Gott darauf, dass wir in der Welt leben müssen, »als gäbe es Gott nicht«, und damit auf unser Mündigwerden vor Gott. Das ist zugleich der Beginn der Kirche, in der »Christus als Gemeinde« existiert, wie Bonhoeffer sagt. Jesus, der Messias, hat den Anbruch von Gottes neuer Welt verkündigt. An seinen Nachfolger(innen) liegt es nun, diese zugleich geoffenbarte und doch noch verborgene Herrschaft Gottes in ihrem Leben und Wirken sichtbar

zu machen – bis an die Enden der Erde, ausgestattet mit der
»Kraft aus der Höhe«, inspiriert durch den Heiligen Geist, der
ihnen verheißen wird.

Zwei gegensätzliche Bewegungen durchziehen dieses Geschehen. Sie gehen von unten nach oben und von oben nach unten. Der Messias Jesus wird in den Himmel emporgehoben und er wird von dort wieder herabkommen. Doch wird dabei nicht in räumlichen Kategorien gedacht. Das hintergründige Thema der Geschichte ist vielmehr die widersprüchliche Einheit von *Utopie und Realität,* von notwendiger geschichtlicher Konkretion und gleichzeitiger Unverfügbarkeit der messianischen Vision vom Reich Gottes. Dadurch, dass sich der Messias entzieht, bleibt seine Geschichte offen und unvollendet, auf die Zukunft, die neue Welt Gottes hin gerichtet. Aber sie wird nicht in ein »besseres Jenseits« verlagert. In dem Jesus-Gedicht von Kurt Marti[71] heißt es:

> Anstatt sich verstummt zu verziehen ins bessere Jenseits,
> brach er von neuem auf in das grausame Diesseits,
> zum langen Marsch durch die Viellabyrinthe
> der Völker, der Kirchen und unserer Unheilsgeschichte

Das Leben des Messias Jesus geht weiter in der »Praxis der Apostel«, die von den Boten Gottes auf ihren Platz auf der Erde verwiesen werden:

> Und so erzählen wir weiter von ihm,
> die Geschichten seiner rebellischen Liebe,
> die uns auferwecken vom täglichen Tod –
> und vor uns bleibt: was möglich wär' noch

Damit die Praxis der Apostel nicht in eine falsche Richtung geht, schickt Lukas der »Himmelfahrt« Jesu eine Belehrung der Jünger voraus.

»Und als er mit ihnen zusammen war, gebot er ihnen, nicht von Jerusalem zu weichen, sondern auf die Verheißung des Vaters zu warten, die ihr von mir gehört habt. Denn Johannes hat mit Wasser getauft, ihr aber werdet mit dem Heiligen Geist getauft werden nicht lange nach diesen Tagen. Als sie nun zusammengekommen waren, fragten sie ihn: Herr, stellst du in dieser Zeit das Reich für Israel wieder her? Er sprach zu ihnen: Euch gebührt es nicht, Zeit und Stunde zu wissen, die der Vater nach seiner eigenen Macht festgesetzt hat. Aber ihr werdet Kraft empfangen, wenn der Heilige Geist über euch kommt ...« (Apg 1,4-8)

Die Praxis der Nachfolgerinnen Jesu soll nicht restaurativ, nicht rückwärtsgewandt sein. Der Messias richtet nicht das »alte Reich Israel« wieder auf, wie es seine Jünger lange erwarteten. Lukas weiß schon, dass die Geschichte anders weiter geht, in der Heidenmission bis ans »Ende der Erde«, und dass nach dem Ende der Naherwartung die Hoffnung auf ein baldiges Erscheinen des Messias umgeleitet werden muss in die auf Zukunft ausgerichtete Praxis der christlichen Gemeinde. Doch auch hier geht es bei der Entrückung des Messias um Grundsätzlicheres: Er verschwindet, bevor die messianische Vision vom Reich Gottes in einem »real existierenden Israel« – oder einer Kirche, die sich für das »wahre Israel« hält – dingfest gemacht werden kann. Das messianische Reich Gottes ist nicht das Privileg der jeweils Auserwählten, sondern verwirklicht sich in sozialer, nationaler und kultischer Entgrenzung: »Das utopische Projekt Jesu ging weit über die Veränderungsvorstellungen aller Gruppierungen seiner Zeit hinaus und damit auch über die unmittelbaren Interessen des Volkes. Seine Reich Gottes Botschaft war eben nicht die Reorganisation irgendeines schon dagewesenen Zustands ... War Jesus zu weit gegangen? Nur, wenn wir ihm nicht folgen wollen!«[72]

Die Bewegung nach oben bewahrt die Utopie Jesu vor der voreiligen Vereinnahmung in einer real existierenden kirchlichen oder gesellschaftlichen Institution. Die Bewegung nach unten bewahrt sie vor jedem Versuch der Entweltlichung und Verinnerlichung. Sie soll wirksam bleiben in der ständigen Beunruhigung und Veränderung einer weiterhin unzulänglichen Realität. So gesehen ist die Umkehrung der Bewegung in der Geschichte von der »Himmelfahrt« Jesu vor allem eine Umkehrung der Blickrichtung bei denen, die »in den Himmel starren«. Sie, die ihre Träume und Utopien in den Himmel verschwinden sehen und ihnen sehnsüchtig nachblicken, werden aufgefordert, mit ihren Hoffnungen und Visionen die Erde zu verändern.

Die Christinnen und Christen, für die Lukas am Ende des ersten Jahrhunderts nach der Zeitenwende diese Geschichte entworfen hat, können eine solche Aufforderung brauchen. Sie haben sich bereits schlecht und recht in der globalisierten Welt des Imperium Romanum eingerichtet und haben dessen soziale und ideologische Widersprüche auch in ihrer eigenen Gemeindeexistenz erfahren. Auch sie wussten schon, was uns in unserer Gegenwart so bekannt vorkommt: wie groß die Versuchung ist, in den Himmel zu starren, den Besitzstand zu wahren, in die innere Emigration zu gehen, anstatt an die Enden der Erde. Doch es wird ihnen wie uns die Umkehr zur Erde und zugleich der Weg in eine andere Zukunft gewiesen und gesagt, dass hier und nirgends anders diese Zukunft, die neue Welt, der Himmel, das Reich Gottes beginnt. Um das glauben und leben zu können, braucht man heute wie damals einen Heiligen Geist – nichts weniger.

Von dem Kommen dieses Heiligen Geistes erzählt Lukas im zweiten Kapitel seiner Apostelgeschichte:

Als der Pfingsttag gekommen war, waren alle am gleichen Ort. Da kam plötzlich vom Himmel ein Brausen, wie wenn ein heftiger Sturm daher fährt, und erfüllte das ganze Haus. Und es erschienen ihnen Zungen wie von Feuer, die sich verteilten, und auf einen jeden von ihnen ließ sich eine nieder. Alle wurden mit dem Heiligen Geist erfüllt und begannen in fremden Sprachen zu reden, wie es der Geist ihnen eingab. (Apg 2,1-4)

Auch in diesem Szenarium geht es um die Tiefendimension, die Symbolik, nicht um die Faktizität des Geschehens. Die Flammenzungen sind ja ein wunderbares Bild dafür, dass ein Mensch für eine Sache »brennt«, sich brennend begeistern kann, einen Sturm der Begeisterung erlebt, dass Menschen »mit brennender Geduld«, wie Pablo Neruda sagt, auf ein Ziel zugehen, für das es sich zu leben und selbst zu sterben lohnt. Doch Lukas kennt auch das Bild aus den prophetischen Schriften, nach dem Gottes Wort »wie Feuer« in dem Propheten Jeremia brennt und ihn dazu zwingt, trotz Gefahr und Verfolgung die ihm aufgetragene Botschaft Gottes an die Menschen auszurichten. Und noch eine Verbindung zur Schrifttradition Israels stellt Lukas her. Die heilige Begeisterung bewirkt, dass die Verkündigung der Jünger von allen in Jerusalem versammelten Pilgern verstanden wird. Damit blickt Lukas nicht nur auf die schon erfolgreiche Mission der christlichen Gemeinden außerhalb Israels zurück – es ist zugleich die Gegengeschichte zu der alten Erzählung vom Turmbau zu Babel in Genesis 11, nach der die Sprachverwirrung die Konsequenz menschlicher Hybris ist. Weil die Menschen den Himmel stürmen wollen – »Lasst uns einen Turm bauen, der bis an den Himmel reicht, damit wir uns einen Namen machen!« –, wird ihre Sprache verwirrt, so dass sie sich im doppelten Sinne »nicht verstehen« und folglich übereinander herfallen.

Dagegen wird die Botschaft vom Kommen des macht- und gewaltlosen Messias, der nicht »wie Gott« sein wollte, zur erlösenden und befreienden Botschaft unterschiedslos für alle, die sich im Völkergemisch des Imperium Romanum nach einer Vision von Zukunft und Hoffnung, nach Leben und vollem Genüge, nach Gerechtigkeit und Frieden sehnen. Die pfingstlichen Geistesflammen sind ein Fanal, eine Zusage Gottes an die gesamte Menschengemeinschaft, dass eine neue, eine andere Welt möglich ist, wenn wir nicht mehr den Himmel stürmen wollen, sondern menschlich miteinander auf der Erde zu leben lernen.

Kontext

Breathe on me breath of God

Atem gottes hauch mich an
füll du mich wieder mit leben
dass ich was du liebst lieben kann
und rette was du gegeben

Atem gottes weh mich an
bis mein herz dir offen
bis ich was du willst wollen kann
im handeln und im hoffen

Atem gottes blas mich an
bis ich ganz dein werde
bis dein feuer in mir brennt
auf der dunklen erde

Atem des lebens atme in mir
lehr mich die luft zu teilen
wie das wasser wie das brot
komm die erde zu heilen

Dorothee Sölle, nach: Edwin Hatch »Breathe on me breath of God« (1886)
Aus: Dorothee Sölle, Loben ohne lügen. Gedichte, Kleinmachnow 2000, © Wolfgang Fietkau Verlag, Kleinmachnow.

✶

jesus

mit einer Schar von freunden (freundinnen auch)
durch galiläas dörfer und städte ziehend
hat er kranke geheilt und geschichten erzählt
von der weltleidenschaft des ewigen gottes

privilegien der klasse der bildung galten ihm nichts
zu seinem umgang zählten tagelöhner und zöllner
wo mangel sich zeigte an nahrung oder getränk
teilte er fische brot und wein aus für viele

die gewalt von gewalthabern verachtete er
gewaltlosen hat er die erde versprochen
sein thema die zukunft gottes auf erden
das ende von menschenmacht über menschen

in einer patriarchalischen welt blieb er
der sohn und ein anwalt unmündiger frauen und kinder
wollten galiläer ihn gar zum könig erheben? er aber
ging hinauf nach jerusalem, direkt seinen gegnern ins garn

auf einem jungesel kam er geritten – kleinleute-messias
die finger einer halbweltdame vollzogen die salbung an ihm
bald verwirrt bald euphorisch folgten ihm die freunde die jünger
um bei seiner verhaftung ratlos unterzutauchen ins dunkle

über sein schweigen rollte der schnelle prozess
ein afrikaner schleppte für ihn den balken zum richtplatz hinaus
stundenlang hing er am kreuz: folter mit tödlichem ausgang
drei tage später die nicht zu erwartende wendung

anstatt sich verstummt zu verziehen ins bessere jenseits
brach er von neuem auf in das grausame diesseits
zum langen marsch durch die viellabyrinthe
der völker der kirchen und unserer unheilsgeschichte

oft wandelt uns jetzt die furcht an er könnte
sich lang schon verirrt und verlaufen haben

entmutigt verschollen für immer vielleicht – oder bricht er
noch einmal (wie einst an ostern) den bann?

und also erzählen wir weiter von ihm
die geschichten seiner rebellischen liebe
die uns auferwecken vom täglichen tod
und vor uns bleibt: was möglich wär' noch

Kurt Marti
Aus: Kurt Marti, Abendland, Darmstadt 1980, S. 46, © Kurt Marti.

✱

in der Morgenröte
bewaffnet mit brennender Geduld
werden wir in die strahlenden Städte einziehen

Pablo Neruda

»Der Heilige Geist und wir haben beschlossen ...«

Das Apostelkonzil und ein weitreichender Beschluss

Lukas hat in seiner Geschichte der Apostel nicht nur unser Bild von dem Beginn der christlichen Gemeinde, sondern auch von deren Gestaltung und Ausbreitung geprägt. »Von ihren ersten Anfängen an erscheint die Kirche in der Apostelgeschichte als die von jeher auf die Völkerwelt angelegte, in völliger Einmütigkeit lebende Gemeinschaft von Gläubigen, von der Mutterkirche in Jerusalem, repräsentiert durch die zwölf Apostel, geführt und seit der Auferstehung und Erhöhung Christi vom Geist Gottes machtvoll und einheitlich gelenkt.«[73] So lässt Lukas schon mit der Erzählung von der Ausgießung des Heiligen Geistes die Apostel, allesamt eher ungebildete Galiläer, in allen Sprachen reden, und er zählt auf, wer da alles die Botschaft versteht: »Parther und Meder und Elamiter, und die Bewohner Mesopotamiens und die aus Judäa, Kappadozien, Phrygien und Pamphylien, Ägypten und der Gegend von Kyrene in Libyen, Einwanderer aus Rom, Juden und Judengenossen, Kreter und Araber«, sie alle hören sie in ihren Sprachen »Gottes große Taten verkünden«. (Apg 2,8-11)

Immer wieder wird diese Szene als Beginn der christlichen Heidenmission verstanden, und tatsächlich wird ja in der folgenden Predigt des Petrus bei Lukas das Evangelium von Jesus Christus verkündigt, was schließlich in einer ersten Massentaufe endet. Doch die Menschen, von denen hier die Rede ist, sind keine heidnischen Touristen, sondern »gottesfürchtige Männer aus allen Völkern«, die als Pilger nach Jerusalem gekommen sind. Wer waren diese Menschen? Der Text lässt keinen Zweifel daran, dass es fromme Juden aus den jüdischen Gemeinden außerhalb Palästinas sind, und es wird damit deutlich, dass auch die in der Diaspora, der »Zerstreuung« lebenden Juden in dieser Zeit schon längst ein »Volk Gottes aus vielen Völkern« sind. Wer aber sind die »Judengenossen«? Es sind einerseits »Proselyten«, die bereits aus der Völkerwelt zu den jüdischen Gemeinden gestoßen und in sie eingetreten sind, zum anderen die »Gottesfürchtigen«, die als Sympathisanten an den Synagogengottesdiensten teilnehmen, ohne die Gesamtheit des jüdischen Gesetzes und das Zeichen der Beschneidung übernommen zu haben. Sie sind die ersten und eigentlichen Adressaten der Predigt von Jesus dem Christus, dem Messias, der die Herrschaft Gottes und damit das Heil für alle Völker bringen soll. Lukas bewahrt hier also das Wissen um den tatsächlichen Beginn der christlichen Kirche, die sich in den ersten Jahren nach dem Tod Jesu vor allem in der Verbindung der urchristlichen Gemeinschaften mit den Sympathisanten der Synagogengemeinden außerhalb Palästinas herausbildet. In seiner Darstellung der Missionsreisen des Paulus wird er deutlich machen, dass dessen erfolgreiche Missionspredigten immer in den Synagogen der jüdischen Diaspora begannen.[74]

Die wirkliche Geschichte der Entstehung der Kirche ist also ein bisschen langsamer und komplexer vor sich gegangen. Es ist die Geschichte einer allmählichen Annäherung zweier unterschiedlicher Welten, der Austausch von Glaubens- und Lebenswelten in einer globalisierten Welt. Die jüdischen Gemeinden in der hellenistischen Welt des Römischen Reiches nehmen Einflüsse aus der griechischen Kultur auf, Menschen aus der römisch-hellenistischen Welt interessieren sich zunehmend für den jüdischen Glauben an den einen Gott und die Verbindung von Glaube, Gemeinschaft und Ethik. Die »Gottesfürchtigen« übernehmen die »Ethisierung der Religion« in den Geboten des Dekalogs, ohne sich jedoch dem Ganzen des mosaischen Gesetzes unterwerfen zu wollen. Ist die messianische Gemeinde in Jerusalem noch ganz jüdisch geprägt, entsteht als ein zweites Zentrum der Urchristenheit in der multikulturellen syrischen Großstadt Antiocha nördlich von Palästina eine erste hellenistisch geprägte Gemeinde aus Juden, Gottesfürchtigen und Jesusleuten, die erst hier »Christianoi«, Christen genannt werden. Diese Gemeinde gibt sich einen neuen, einen eigenen Namen: neben der »Synagoge« gibt es nun die »Ekklesia«, abgeleitet von der antiken Einrichtung der »Bürgerversammlung«. Man versteht sich als die Versammlung der »Bürger des Reiches Gottes«, das, so glauben diese Christen, mit der Ankunft des Messias, des Christus, angebrochen ist. Ganz neu ist diese Art von Gemeinde also nicht, und sie ist auch keine Konkurrenz zur Synagoge, eher eine Erweiterung dessen, was der jüdische Glaube anbietet. Für die sympathisierenden Gottesfürchtigen ist das Angebot der »Ekklesia« eher ein liberales »Judentum light«, ohne die Bürde des mosaischen Gesetzes und vor allem – ohne die Beschneidung.

In dieser Welt tritt bald ein Mann in Erscheinung, der die unterschiedlichen Lebens- und Glaubenswelten in sich vereinen und zusammenführen wird. Paulus kommt aus der jüdischen Diaspora, aus Tarsus in Kleinasien. Er kennt die Welt des Hellenismus, er besitzt sogar das römische Bürgerrecht, und ist zugleich in der jüdischen Tradition zu Hause. Die Handwerkerfamilie, aus der er kommt, ist pharisäisch geprägt, also eher auf Abgrenzung als auf Öffnung bedacht. Der begabte Sohn wird zum Torastudium nach Jerusalem geschickt und entwickelt sich dort zunächst zum jüdisch-orthodoxen »Hardliner« und Gegner der messianischen Gemeinde, bis er nach eigenem Bekunden von Christus selbst in einer Vision zum Apostel und von Gott zum Propheten für den Christusglauben berufen wird. Er wird einige Jahre in der Gemeinde in Antiochien verbringen und aus der Erfahrung dieser neuen Praxis eine dazu passende Lehre entwickeln. Der Kernpunkt dieser Lehre lautet: mit dem Kommen des Messias ist die Grenze zwischen Juden und Nichtjuden aufgehoben. Wer in die Nachfolge Jesu eintritt, gehört zum Volk Gottes, auch ohne Beschneidung. Damit wird der Weg frei für die Missionierung der Völkerwelt, wie sie in der weiteren Apostelgeschichte beschrieben wird. Paulus wird damit zum eigentlichen Begründer der christlichen Kirche, die sich nun nach und nach in die griechisch-hellenistische Welt des römischen Imperiums inkulturiert und von ihren jüdischen Wurzeln entfernt.

Der entscheidende Schritt dazu wird auf dem »Apostelkonzil« vollzogen, das von Lukas im Nachhinein harmonisierend als eine einmütige frühe Gemeindeversammlung beschrieben wird. Es gibt aber einen unmittelbaren Bericht von diesem Ereignis in einem Brief des Paulus, der als historisch gelten darf, denn der Verfasser ist ja als Abgesandter der Gemeinde in Antiochia ein direkt Beteiligter gewesen. Er berichtet davon in seinem Brief an die Gemeinde in Galatien, und er gibt damit ein realistisches Bild von der ersten Auseinandersetzung in der urchristlichen Gemeinde wieder. Danach ist die Fraktion der traditionellen jüdischen »Messianisten« der Auffassung, dass die Zugehörigkeit zur Gemeinde des Messias Jesus ohne die Beschneidung als Zeichen des Heilsbundes Gottes nicht zu denken ist. Das haben auch ihre Abgesandten bei einer Art Visitation in Antiochia unmissverständlich deutlich gemacht. Daraufhin wird Paulus den Jerusalemern an der Spitze einer Delegation aus Antiochia einen Gegenbesuch abstatten, um das Antiochener missionarische Erfolgsmodell zu verteidigen. Wie gut kann man sich vorstellen, welch unterschiedliche Welten und Persönlichkeiten da aufeinander treffen! Der theologisch geschulte, weit gereiste und mehrsprachige Weltbürger trifft auf die ehemaligen Fischer aus Galiläa, die ihm freilich das Entscheidende voraus haben: sie haben den Messias Jesus persönlich gekannt und sind von ihm zu seinen Lebzeiten zum Apostelamt berufen worden. Paulus hält dagegen an seiner unmittelbaren prophetischen und apostolischen Berufung fest: »Das Evangelium, das ich verkünde, stammt nicht von Menschen, ich habe es auch nicht von Menschen übernommen oder gelernt, sondern durch die Offenbarung Jesu Christi empfangen. Ihr habt doch gehört, wie ich früher als gesetzestreuer Jude gelebt habe ..., mit größtem Eifer setzte ich mich für die Überlieferung meiner Väter ein. Aber als Gott, der mich schon im Mutterleib auserwählt und durch seine Gnade berufen hat, mir in seiner Güte seinen Sohn offenbarte, damit ich ihn unter den Heiden verkündige, da zog ich keinen Menschen zu Rate ... Den Gemeinden Christi in Judäa blieb ich persönlich völlig unbekannt. Sie hörten nur: er, der uns früher verfolgte, verkündet nun den Glauben, den er vernichten wollte. Und sie lobten Gott um meinetwillen.« (Gal 1,11-16)

An Selbstbewusstsein fehlt es diesem selbsternannten Apostel nicht, und in der Diskussion mit den Leitern der Jerusalemer Gemeinde setzt er sich durch: »Sie sahen, dass mir das Evangelium für die Unbeschnittenen anvertraut ist wie dem Petrus für die Beschnittenen – denn Gott, der Petrus die Kraft zum Apostelamt unter den Beschnittenen gegeben hat, gab sie mir für den Dienst unter den Heiden – und sie erkannten die Gnade, die mir verliehen ist. Deshalb gaben Jakobus, Kephas (Petrus) und Johannes, die als »Säulen« Ansehen genießen, mir und Barnabas die Hand zum Zeichen der Gemeinschaft: Wir sollen zu den Heiden gehen, sie zu den Beschnittenen. Nur sollten wir an ihre Armen denken, und das zu tun habe ich mich eifrig bemüht.« (Gal 2,7-10) Die Diskussionen und Beratungen werden sich über einige Tage hingezogen haben. Am Ende gibt es einen weit reichenden Beschluss: die Gemeinde des Messias Jesus, bisher eine jüdisch-messianische Bewegung innerhalb des palästinensischen Judentums, erlaubt die Öffnung hin zu den »Unbeschnittenen«, die den Glauben an den Messias Jesus – sie nennen ihn Christus – annehmen und die Umwandlung der jüdisch-messianischen Bewegung in die christliche Gemeinde vollziehen. Das wird die Botschaft von Jesus dem Messias in die Welt tragen, aber auch verändern. Aber, so sagen vielleicht die Realisten oder eine junge neue Generation in Jerusalem, das hat doch auch Vorteile für uns: wenn wir schon die strenge Grenze der Beschneidung aufheben, dann sollen uns die reichen christlichen Stadtgemeinden der griechisch-hellenistischen Welt ordentlich Kollekten nach Jerusalem schicken!

Soweit die Darstellung des Paulus im Brief an die Galater, die offenbar mit einer Gruppe von traditionellen »Judaisten«, den an der Beschneidung festhaltenden Judenchristen, in einer ähnlichen Auseinandersetzung stehen. Für sie fasst Paulus das theologische Resümee des Treffens in Jerusalem zusammen: »Wir sind zwar von Geburt Juden und nicht Sünder wie die Heiden. Weil wir aber erkannt haben, dass der Mensch nicht durch Werke des Gesetzes gerecht wird, sondern durch den Glauben an Jesus Christus, sind auch wir dazu gekommen, an Jesus Christus zu glauben, damit wir gerecht werden durch den Glauben an Christus, und nicht durch Werke des Gesetzes.« (Gal 2,15f.) Was in diesem Kontext heißt: nicht die Beschneidung macht den Christen aus.

In der Darstellung des Lukas, der zwei Generationen später auf diese Auseinandersetzung zurück schaut, ist von der ursprünglichen Dramatik nicht mehr viel zu spüren: »Lukas schreibt sein Werk als Grieche und Heidenchrist, die Christusbotschaft hat die einst umstrittenen und zäh verteidigten Grenzen zwischen dem privilegierten Heilsvolk der Juden und den Heiden längst und endgültig durchbrochen, die Kirche hat sich über die Völkerreiche des Römischen Imperiums ausgebreitet, der Paulus der Apostelgeschichte predigt am Ende des Buches ›ungehindert‹ (Acta 28,31) in der Reichshauptstadt. Lukas steht auf dem von Paulus bereiteten Boden. Sein Buch enthält, wenn auch oft abgewandelt und vereinfacht, allerlei Anklänge an paulinische Gedanken. Gleichwohl ist überall zu erkennen, dass der spannungsvolle Prozess, der diesen Boden bereitet hat, abgeschlossen ist, die Geschichte seiner Entstehung, in die uns die Briefe (des Paulus) Einblick geben, ist Vergangenheit geworden. So bewahrheitet sich in der Apostelgeschichte auch da, wo paulinische Töne in ihr nachklingen, der alte Satz: Wenn zwei dasselbe sagen, ist es nicht mehr dasselbe. Geschichte, von rückwärts gesehen, und Geschichte, die für die Zukunft noch offen ist und erst entschieden werden will, sind nicht ohne weiteres identisch. Was sich im Vergleich zwischen der Apostelgeschichte und den authentischen Briefen des Paulus zeigt, ist einem Strom ähnlich, der in seinem Verlauf vieles abgelagert und aus neuen Quellen und Seitenflüssen Neues in sich aufgenommen hat.«[75]

Und so klingt bei dem lukanischen Bericht vom Apostelkonzil vieles anders als noch in der Darstellung des Paulus. Nun ist es Petrus, der bereits die Heidenmission in der Pfingstgeschichte durchführt und nun verteidigt: »Und Gott, der die Herzen kennt, bestätigte dies, indem er ihnen wie uns den Heiligen Geist gab. Er machte keinen Unterschied zwischen uns und ihnen; denn er hatte ihre Herzen durch den Glauben gereinigt.« (Apg 15,8f.) Die Delegation aus Antiochia wird von zwei Abgesandten zurück begleitet, mit einem Schreiben, das bereits im Ton von Kirchenleitungsschreiben verfasst ist: »Die Apostel und Ältesten, eure Brüder, grüßen die Brüder aus dem Heidentum in Antiocha, in Syrien und Zilizien. Wir haben gehört, dass einige von uns, denen wir keinen Auftrag erteilt haben, euch mit ihren Reden beunruhigt und eure Gemüter erregt haben. Deshalb haben wir Männer ausgewählt, die zusammen mit unseren lieben Brüdern Paulus und Barnabas den Beschluss der Apostelversammlung euch mündlich mitteilen sollen: ›Denn der Heilige Geist und wir haben beschlossen, euch keine weiteren Lasten aufzuerlegen als diese notwendigen Dinge: Götzenopferfleisch, Blut, Ersticktes und Unzucht zu meiden. Wenn ihr euch davor hütet, handelt ihr richtig. Lebt wohl!«« (Apg 15,23-29)

Hier wird deutlich, dass die Frage der Beschneidung längst kein Problem mehr ist. Dafür gibt es andere: Wie geht man mit unterschiedlichen moralischen Vorstellungen um? Und was bedeuten die jüdischen Speisegebote im Zentrum des gemeinsamen Gemeindelebens, bei der Feier des Herrenmahls? Diese und andere Probleme der ersten Generation christlicher Gemeinde können wir unmittelbar erfahren: in den Briefen des Paulus, den einzigen unmittelbar zugänglichen historischen Zeugnissen aus dem Leben der Urchristenheit. Ihnen ist auf jeden Falls eins zu entnehmen: den »Urzustand« einer idealen Urchristenheit, der uns von Lukas vor Augen gemalt wurde, hat es nie gegeben. Die Auseinandersetzungen und Schwierigkeiten bei dem Versuch, ein neues Leben in der alten Welt zu wagen, gab es damals auch schon. Das ist für uns Heutige vielleicht eine Enttäuschung, aber ist es nicht auch ein Trost?

»Die Liebe ist die Erfüllung des Gesetzes!«

Die ersten Gemeinden im Spiegel der paulinischen Ermahnungen

Gerecht werden durch den Glauben, nicht durch die Werke des Gesetzes – so lautet das Fazit der Auseinandersetzung um die Beschneidung. Für Martin Luther wurde es der entscheidende Satz gegen die »Werkgerechtigkeit« der mittelalterlichen Kirche, die sich in der Bußpraxis und dem Ablasshandel manifestierte und der ihm zugleich als Abgrenzung gegen jüdische »Gesetzlichkeit« diente. In dieser vereinfachten Form hat sich vor allem in der lutherischen Tradition eine Haltung entwickelt, die Dietrich Bonhoeffer als »billige Gnade« bezeichnet hat: »Billige Gnade heißt Gnade als Lehre, als Prinzip, als System; heißt Sündenvergebung als allgemeine Wahrheit, heißt Liebe Gottes als christliche Gottesidee. Wer sie bejaht, der hat schon Vergebung seiner Sünden. Die Kirche dieser Gnadenlehre ist durch sie schon der Gnade teilhaftig. In dieser Kirche findet die Welt billige Bedeckung ihrer Sünden, die sie nicht bereut und von denen frei zu werden sie erst recht nicht wünscht. (...) Das ist billige Gnade als Rechtfertigung der Sünde, aber nicht als Rechtfertigung des bußfertigen Sünders, der von seiner Sünde lässt und umkehrt; nicht Vergebung der Sünde, die von der Sünde trennt. Billige Gnade ist die Gnade, die wir mit uns selbst haben.«[76]

Tatsächlich ist die paulinische Polemik gegen die Werke des Gesetzes weit davon entfernt, als Dispens von den Geboten Gottes zugunsten einer gesetzlosen Lebensweise verstanden zu werden. Der größte Teil der Paulusbriefe besteht ja gerade aus Ermahnungen, so auch der Brief an die Galater: »Ihr seid zur Freiheit berufen, nur nehmt die Freiheit nicht als Vorwand für das Fleisch, sondern dient einander in der Liebe! Denn das ganze Gesetz ist in dem einen Wort zusammengefasst: Du sollst deinen Nächsten lieben wie dich selbst.« (Gal 5,13f.) Und genau diese Gedanken finden wir auch in dem Brief an die Römer, der doch zu Anfang programmatisch erklärt: »Wir sind der Überzeugung, dass der Mensch gerecht wird durch den Glauben, unabhängig von den Werken des Gesetzes.« (Röm 3,28) Es war der lutherische Bischof und spätere Harvardprofessor Krister Stendahl, der darauf aufmerksam wurde, dass diese Formulierung nur in zwei Paulusbriefen zu finden ist und dort in einem eindeutig definierbaren Kontext steht: »Die Frage, um die es mir geht, ist, was meinte Paulus wirklich? Es geht nicht so sehr um die Bedeutung der Worte an sich, sondern um die wichtige Unterscheidung der Worte in ihrem ursprünglichen Zusammenhang und ihrer heute möglichen Verwendung; deshalb müssen wir den Hintergrund der Begriffe in ihrem paulinischen Kontext untersuchen ... Der spezifisch paulinische Zusammenhang des Begriffs ›Rechtfertigung aus Glauben, nicht aus Werken‹, beschränkt sich ... auf den Galater- und den Römerbrief. Paulus' Lehre von der Rechtfertigung aus Glauben hat ihren theologischen Kontext in seinen Gedanken über die Beziehung zwischen Juden und Heiden; sie steht nicht im Zusammenhang der Frage, wie *der Mensch* erlöst werden kann oder wie die Werke des Menschen zu beurteilen sind ... Es geht um Gottes Plan für die Welt und darum, wie Paulus' Heidenmission in diesen Plan hinein gehört ... das zentrale Thema ist die Aufnahme von beiden, von Heiden und Juden in Gottes Heilsplan.«[77] In diesem Zusammenhang hat das Wort von dem »Glauben an Christus allein« keinen polemischen, sondern apologetischen Charakter: statt der Abgrenzung gegen die Heiden und der Ausgrenzung der »Unbeschnittenen« öffnet sich die Gemeinde Jesu den Gottesfürchtigen, die in die Nachfolge Jesu eintreten wollen. Ihre Entscheidung ist nicht eine Glaubensformel, sondern die Entscheidung für ein Leben nach dem Gebot Jesu. In diesem Kontext geht es bei dem Verzicht auf die »Werke des Gesetzes« also allein um die Beschneidung. Entsprechend fordert Stendahl eine »Entlutherisierung« des Paulus und damit auch eine kritische Revision der lutherischen Rechtfertigungslehre in einer neuen Paulusperspektive, die schließlich auch dem der lutherischen Tradition inhärenten Antijudaismus den Boden entziehen müsste.[78] Ein weiterer Aspekt der neuen Paulusperspektive ist die Erkenntnis, dass die »Gerechtigkeit Gottes« (»dikaiosyne theou«), die bei Paulus eine große Rolle spielt, im Kontext des *Bundesgedankens* verstanden werden muss und nicht als Gerichtsszenario. Das bedeutet, dass Gerechtigkeit Gottes sowohl als Gerechtigkeit vor Gott als auch als Gerechtigkeit Gottes, nämlich als *Bundesgerechtigkeit* verstanden werden muss. Für Paulus ist es wichtig, dass der Eintritt *(getting in)* in diesen Heilsbund unabhängig von den Werken des Gesetzes – der Beschneidung – im *Glauben* an den Messias Jesus möglich wird. Das Verbleiben *(staying in)* in diesem Bund aber bedeutet, in der *Nachfolge* Jesu nach Gottes Weisungen zu leben – wie es die »Gottesfürchtigen« versuchen wollen.[79]

In den ersten Kapiteln des Römerbriefes entfaltet Paulus in einer Art rabbinischem Diskurs die Notwendigkeit, das Werk des Gesetzes, die Beschneidung, nicht länger als heilsnotwendig anzusehen und stattdessen die Ethik der Lebensführung zum Maßstab zu machen: »Gott wird jedem vergelten, wie es seine Taten verdienen ... Not und Bedrängnis werden jeden treffen, der das Böse tut, zuerst den Juden, aber ebenso den Griechen. Herrlichkeit, Ehre und Friede werden jedem zuteil, der das Gute tut, zuerst dem Juden, aber ebenso dem Griechen.« (Röm 2,6.9f.) Und, noch deutlicher: »Die Beschneidung ist nützlich, wenn du das Gesetz befolgst; übertrittst du jedoch das Gesetz, so bist du trotz deiner Beschneidung zum Unbeschnittenen geworden. Wenn aber der Unbeschnittene die Forderungen des Gesetzes beachtet, wird dann nicht sein Unbeschnittensein als Beschneidung angerechnet?« (Röm 2,25f.) Es gehört zu den positiven Erfahrungen der Globalisierung, dass man andere Glaubens- und Lebensentwürfe kennen und tolerieren lernt, wenn man denn die Abschottung gegen die anderen aufgibt und zugeben kann: hier wie dort gibt es solche und solche, Gute und Böse. Wie oft mag eine jüdische Mutter gejammert haben, wenn ihr Sohn eine Nichtjüdin geheiratet hat, um dann einige Zeit später zuzugeben: sie ist zwar eine »Schickse«, aber sie ist von allen meinen Schwiegertöchtern am nettesten zu mir!

Wenn Paulus nun also gegen das »Gesetz« argumentiert, dann meint er wohl vor allem eine fundamentalistische »Gesetzlichkeit«, die der Ab- und Ausgrenzung gegen die jeweils »Anderen« dient. Das gilt sowohl für die Beschneidung als auch für die mosaischen Speisegebote, die bei der neu entstandenen Tischgemeinschaft von Juden und Heiden im christlichen Herrenmahl zum Problem werden: Was den einen schmeckt, ist den anderen ein Gräuel. Gleich in zwei Briefen geht Paulus ausführlich auf dieses Problem ein, im Brief an die Römer heißt es: »Es ist alles erlaubt, aber nicht alles baut die Gemeinschaft auf ... Lasst uns nach dem streben, das dem Frieden und dem Aufbau der Gemeinde dient. (Röm 14,19) Denn: »Keiner von uns lebt sich selber und keiner von uns stirbt sich selber. Leben wir, so leben wir dem Herrn, sterben wir, so sterben wir dem Herrn. Ob wir leben oder wir sterben, gehören wir dem Herrn.« (Röm 14,7-9) Dieses »Trost- und Mahnwort«[80], das in den paulinischen Gemeinden wohl schon früh im Umlauf gewesen ist, steht also im Kontext einer Diskussion um die Einhaltung oder Nichteinhaltung von Speisevorschriften!

Worum geht es? Hinter der Ermahnung, die Paulus an die Gemeinde in Rom richtet, wird ein Konflikt sichtbar, der auch schon die Gemeinde in Korinth beschäftigt hat. (1. Kor 8-10) Der heidnisch sozialisierte Teil der Tischgemeinschaft ist der Meinung, dass die Freiheit vom Gesetz auch die Aufhebung kultischer Speisevorschriften bedeutet, die jüdisch geprägten Christen bestehen weiter auf der Tabuisierung bestimmter Speisen. Dabei geht es vor allem um den Fleischgenuss: erstens, weil die Tabuisierung von nicht »koscherem« Fleisch für die einen ein Teil ihrer jüdischen religiösen und kulturellen Tradition ist, möglicherweise sind auch asketische hellenistische Traditionen im Spiel, zum anderen und vor allem aber, weil man der Ansicht ist, dass es sich bei dem Fleisch, das man auf dem Markt kaufen kann, um Götzenopferfleisch handelt, das von den Opfertieren der heidnischen Tempel stammt, die den Überschuss an Opfertierfleisch auf dem Markt verkaufen. »Götzenopferfleisch« führt, so meint man, damit in die Berührung mit jenem Götzendienst, dessen Ablehnung gerade Teil des christlichen Bekenntnisses ist. Daher lehnen die Schwachen, wie sie von Paulus genannt werden, den Fleischgenuss lieber ganz ab. Zu sehr bedeutet er die Nähe zu einer Welt, mit der man eigentlich nichts mehr zu tun haben will.

Paulus vermeidet die Parteinahme für die eine oder andere Seite. Stattdessen ermahnt er die »Starken«, die Abstinenzler nicht zu verachten, und die »Schwachen«, die Fleischesser nicht zu richten, sondern das eine wie das andere »zur Ehre des Herrn« zu tun: »Keiner von uns lebt sich selber.« Es geht also nicht nur um Speisegebote, sondern um Standorte und Lebenskonzepte. Karl Barth hat das Anfang der 1920er Jahre in seinem Kommentar zum Römerbrief trefflich in einem seiner gefürchteten Rundumschläge beschrieben: »Es hat ja der Eine den Glauben, Alles essen zu dürfen ... Ja woran glaubt denn dieser Glaube? Etwa an ›den grandiosen Gedanken, der die unbeschränkte Autonomie des Gewissens des Gläubigen verkündet‹ (Jülicher)? Wahrlich ein grandioser Standpunkt: von jedem liberalen Bürger samt seinem ihm nach dem Munde redenden Pfarrer längst bezogen! Lohnt es sich wirklich zu glauben, dass man ›Alles essen darf‹? ... Sollte damit die Lage des Menschen zwischen Himmel und Erde auch nur im Geringsten verändert sein? Ein bescheidenes Paradies, bei dessen Anblick man unwillkürlich Sehnsucht nach etwas Kloster bekommt! ... Ihm gegenüber nun: ›der Schwache aber isst nur Gemüse‹ ... Hier sehen wir kräftige, lebensfähige Kirchen-, Sekten- und Parteigebilde. Hier wird etwas geleistet. Hier wird Stellung bezogen ... Hier sieht man hinter dem Gemüseesser von Rom das zahllose Volk der Orphiker, Dionysosmysten, Neupythagoräer, Therapeuten, Essener des Altertums, die Ordenswelt des Mittelalters, die Täufer der Reformationszeit, die Abstinenten, Vegetarianer und Freiluftidealisten der Gegenwart ... Alle Reformmenschen sind Pharisäer, leiden an Humorlosigkeit und können das Verurteilen nicht lassen ... Der Gemüseesser lebt nun einmal, seiner friedlichen Nahrung zum Trotz, vom heimlichen und offenen Protest, vom Seufzen und Kopfschütteln über die Torheit der Welt, von der Abgrenzung gegen die Andern, weil er die eigentliche Tragik des Menschenlebens, deren Größe jeden Mund stopfen müsste, nicht kennt.«[81]

Wenn man die Welt im Großen schon nicht ändern kann, dann werden die Ernährungs- und andere Lebensführungsweisen zu Heilslehren und Sinngebungskonzepten – die kennen wir Bewohner der westlichen Welt nur zu gut. Sie dienen vor allem der Selbstoptimierung, bei der jeder vor allem und allein für sich selbst verantwortlich ist. Und auch in der Kirche gibt es den Trend, in den Aktionen eines alternativen Lebensstils oder einer gesetzlichen fundamentalistischen Frömmigkeit, in der Abgrenzung gegen die Anderen eine persönliche Zielsetzung und Sinnfindung zu suchen. Die Herrschaft des Messias, des Christus, bedeutet aber, so Barth, eine Krise des liberalen wie des gesetzlichen Lebenskonzepts. Denn »dem Herrn leben«

hieße, seine Lebenspraxis nicht an selbstgemachten Riten und Gesetzen, aber auch nicht an unverbindlichen Glaubensfreiheiten, eben nicht an sich selbst festzumachen, sondern an Christus. Worin aber liegen die alternativen Möglichkeiten derer, die »dem Herrn leben«? Paulus spricht hier nicht in erster Linie von Gott, sondern von Christus, dem Messias, dem Herrn über Tote und Lebende: unser Leben und Sterben steht unter seiner Herrschaft und in seiner Nachfolge. Dann aber bedeutet »dem Herrn leben und dem Herrn sterben« nichts anderes als Christus ähnlich zu werden, sein Leben und Sterben am eigenen Leib nachzuvollziehen, ein mystischer Gedanke, der von Paulus auch in anderen Briefen, vor allem im Philipperhymnus, zum Ausdruck gebracht wird.

Die Menschen, die Jesus als den Messias bekennen, haben einen neuen Herrn und neue Loyalitäten. Das bedeutet zunächst eine Abgrenzung gegen die alten Herren und Gesetze, wie immer sie ausgesehen haben. Und hier liegt auch die Grenze des Kompromisses mit der alten Welt, in der man ja immer noch lebt – bis auf den heutigen Tag. Doch mit der Nachfolge Jesu und mit dem Anbruch des von ihm verkündeten Gottesreichs ist ein neues Bezugssystem entstanden, das Raum gibt für eine alternative Lebenspraxis. »Man gebe mir einen Haltepunkt, sagte Archimedes, und ich werde das Weltall aus den Angeln heben! Alles spielt sich so ab, als ob Paulus in Jesus Christus diesen Haltepunkt gefunden hat«, schreibt Michel Clévenot in einer Art Kirchengeschichte von unten.[82] Von diesem neuen »Dreh- und Angelpunkt« aus können soziale Beziehungen, politische Herrschaftsverhältnisse und religiöse Gesetze gleichermaßen neu geordnet und auch umgestoßen werden. Ob das den frühen Christengemeinden immer bewusst gewesen ist, kann angesichts der paulinischen Ermahnungen fraglich erscheinen, aber, so Clévenot, »ihre Gegner werden nicht versäumen, diese Züge als revolutionär hervorzuheben.«[83] Paulus jedenfalls erinnert in seiner Stellungnahme zur Einhaltung der Speisevorschriften an den neuen Dreh-und Angelpunkt und das neue Bezugssystem in dem Herrn Jesus Christus. Worin sich die alternative Lebenspraxis realisiert, wo die Grenze zu alten Bezugssystemen gezogen wird, an welcher Stelle der Konflikt mit den alten Machtverhältnissen ausgestanden werden muss, kann und will Paulus nicht kasuistisch festlegen. Er verweist auf die allen Christen gemeinsame Grundsolidarität und macht deutlich, dass es unterschiedliche Möglichkeiten gibt, diese einzuhalten. Es gibt keinen »einzig wahren Weg«, und deshalb darf es zwar Meinungsstreit, aber kein Verurteilen und kein Ausgrenzen geben. Im Gegenteil! Die Nachfolger(innen) Jesu sollen wissen, dass es gerade nicht die ausgrenzenden Rituale sind, die anzeigen, unter welcher Herrschaft man steht. Denn der Weg Jesu ist nicht eine neue Spielart von Religion, sondern der Beginn einer neuen Zeit und einer neuen Welt, des Reiches Gottes: »Das Reich Gottes aber ist nicht Essen und Trinken, sondern Gerechtigkeit, Frieden und Freude im Heiligen Geist.« (Röm 14,17)

Das ist die gute Nachricht, die tröstliche Ermahnung, dass im Herrschaftsbereich Christi alle Grenzen aufgehoben sein sollen, die Menschen von jeher in Bevorzugte und Benachteiligte aufgeteilt haben, im Leben wie im Sterben. Wenn die Koordinaten des messianischen Bezugssystems Gerechtigkeit, Friede und Freude sind, dann gibt es nicht mehr die Sonderwege ritueller Gesetzlichkeit, aber ebenso wenig das Gesetz unbeschränkter Freiheit und Autonomie. Die messianische Vision von Freiheit meint nicht Autonomie im Sinne des Rechts des Stärkeren, sondern Aufhebung von Exklusivität und Konkurrenz zugunsten der Befreiung aller. Deshalb ruft Paulus so eindringlich die Rückbindung an den anderen Herrn ins Gedächtnis, an den Herrn, der zugleich der »geringste Bruder« ist. Die Loyalität zu diesem Herrn ist zugleich die Loyalität zum

Nächsten. In seinem Herrschaftsbereich ist die Liebe des Gesetzes Erfüllung. Auf seinem Weg ist der Sinn der Freiheit: Solidarität. Dieser Weg kann nur gemeinsam gegangen werden, denn der Weg Jesu ist kein Exklusivangebot eines individuellen Heilsweges, sondern zielt auf die Veränderung der Welt, ihre Durchdringung mit einer neuen, messianischen Lebenspraxis.

Kontexte

Philipperhymnus

»Ein jeglicher sei gesinnt, wie Jesus Christus auch war. Er war Gott gleich, hielt aber nicht daran fest, wie Gott zu sein. Sondern er entäußerte sich selbst, nahm Knechtsgestalt an, sein Leben war das eines Menschen. Er erniedrigte sich selbst und war gehorsam, gehorsam bis zum Tod am Kreuz. Darum hat ihn Gott erhöht und ihm einen Namen gegeben, der über alle Namen ist. Damit alle, die im Himmel und auf Erden und unter der Erde sind, ihre Knie beugen vor dem Namen Jesu Christi, und jeder Mund bekennt, dass Jesus Christus der Herr sei – zu Ehren Gottes, des Vaters.«

Brief des Paulus an die Philipper (Phil 2,5-11)

✽

Der Neoliberalismus der zurückliegenden Jahrzehnte hat die schlimmstmögliche der falschen Antworten auf die Frage nach der positiven Freiheit gegeben: Freiheit wozu wurde auf die Freiheit des Marktes reduziert, auf wirtschaftliche Deregulierung, auf die Ökonomisierung aller Lebensbereiche und die Diktatur der Finanzmärkte im Namen der Freiheit ... Der Unterschied von chancenlos arm und mühelos reich wurde im Namen der Freiheit skandalös groß und fest zementiert wie im Ständestaat. Arbeitnehmer werden ja auch nicht mehr entlassen, sondern »freigesetzt« ... Das ist die Freiheitsfalle, in der wir stecken. Das hat aus freien Bürgern Idioten gemacht. Altgriechisch »idiotes« heißt nichts anderes als »Privatmann«, jemand, der sich nur noch um seine eigenen Angelegenheiten kümmert und über Gemeinwohl nicht einmal nachdenkt.

Während draußen die demokratische Kultur versteinerte, ging der Rückzug der »idiotes« in die Innerlichkeit und politische Enthaltsamkeit dieses Mal noch etwas weiter als im deutschen Biedermeier. Nicht nur zurück in die private Wohnung, sondern in den eigenen Körper, in die Selbstoptimierung, die Kontrolle von Fettprozenten, Laufstrecken, Vitalwerten, Flüssigkeitsmengen und Unverträglichkeiten. Aber jetzt ist plötzlich etwas geschehen: »Eine Mehrheit der Jugendlichen ist sich einig, dass gerade in der heutigen Zeit ein gemeinsamer Wertekanon von Aufklärung, Toleranz und sozialen Werten gelten muss.« Besser kann man die Suche nach der positiven Freiheit gar nicht definieren.

Evelyn Roll
Evelyn Roll, Die Wilden und die Milden, in: Süddeutsche Zeitung 121, 28. /29. Mai 2016, S. 45.

Hunger nach Gerechtigkeit

Jesus, die Hoffnung der Armen

Armut und Ungerechtigkeit sind Dauerthemen in den Evangelien. Sie sind mehrheitlich im Milieu der kleinen Leute entstanden, ihre Erzählungen spiegeln die Hoffnungen derer wider, die deshalb auf den Anbruch der Gottesherrschaft hoffen, weil sie es am meisten brauchen.[84] Die eindrücklichsten Erzählungen vom Gegensatz zwischen arm und reich finden wir bei Lukas. Kamen im ältesten Evangelium, bei Markus, die Armen unmittelbar selbst zu Wort, finden sie bei Lukas, dem gebildeten Griechen aus einer Stadtgemeinde, eher einen radikalen Fürsprecher. Das hat sicher damit zu tun, dass in der lukanischen Gemeinde die sozialen Unterschiede, die auch schon Paulus bewegten, bereits die Realität in der Gemeinde mitbestimmen. Vor allem bei Lukas finden sich daher Texte, die vor Habgier warnen und davor, in Besitztümern Sicherheit und Lebenssinn zu finden. Der »reiche Kornbauer«, der sich dank seiner gefüllten Vorratskammern in Sicherheit wiegt, muss in der gleichen Nacht sterben. (Lk 12,13-21) Der Verzicht auf Besitz und Sicherheit wird bei Lukas zum Nachfolgeideal, und die ausgleichende Gerechtigkeit, die von Gott erwartet wird, zur Mahnung an die Reichen, die Armen nicht im Stich zu lassen. Die vielleicht verstörendste Geschichte, die Lukas dazu von Jesus erzählen lässt, handelt vom reichen Mann und dem armen Lazarus. (Lk 16,19-31)

Dieser Reiche wird mit all den Dingen charakterisiert, die man heute dem Luxuskonsum zurechnen würde, Lazarus dagegen mit dem, was zur bittersten Armut gehört: Aussatz, Hunger, Ausgestoßensein – nicht einmal die Abfälle vom Tisch des Reichen sind für ihn da.[85] Doch nach dem Tod wird ihm Gerechtigkeit zuteil. Er liegt in »Abrahams Schoß«, während der

Reiche Höllenqualen leidet und Abraham um Linderung bittet: »Schick den Lazarus zu mir, damit er mir mit Wasser die Zunge kühle!« Der feine Herr soll also ein weiteres Mal bedient werden, aber damit ist es vorbei. »Du hast deinen Anteil an Gutem empfangen, Lazarus dagegen nur Schlechtes. Jetzt wird er dafür getröstet ... Außerdem ist zwischen uns und euch ein tiefer und unüberwindbarer Abgrund, so dass niemand von uns zu euch und von euch zu uns kommen kann.« (Lk 16,25f.) Dieser Abgrund spiegelt den unüberwindbaren Gegensatz zwischen Armut und Reichtum wider, »sie ist die jenseitige Verdoppelung der Kluft zwischen arm und reich im Diesseits, auch sie ist groß und unüberschreitbar ... Die Geschichte drückt die Hoffnung der Armen auf den gerechten Gott aus ... diese Hoffnung ist verbunden mit der Aussichtslosigkeit, die Kluft zwischen arm und reich zu überschreiten.«[86] »Denn es ist eine Kluft zwischen oben und unten ... und was oben vorgeht, erfährt man unten nicht, und nicht oben, was unten vorgeht, und es sind zwei Sprachen oben und unten und zwei Maße zu messen, und was Menschengesicht trägt, kennt sich nicht mehr«, sagt Brechts Heilige Johanna der Schlachthöfe.[87]

Es scheint, als gebe es auch in der Geschichte von Lazarus keine Alternative zu dieser Kluft zwischen oben und unten. Doch sie hat eine bemerkenswerte Fortsetzung. Noch einmal will der Reiche den Armen schicken lassen[88], in das Haus des Vaters, um die Brüder zu warnen. Daraufhin wird gesagt: »Sie haben das Gesetz und die Propheten, auf die sollen sie hören!« Wäre es nicht überzeugender, wenn es ihnen einer sagt, der von den Toten auferstanden ist? »Wenn sie auf das Gesetz und die Propheten nicht hören, werden sie sich auch nicht überzeugen lassen, wenn einer von den Toten aufersteht!« (Lk 16,31)

Es gibt also die Möglichkeit, aus falschen Programmierungen auszusteigen. Lukas erinnert an das Gesetz des Mose, die Tora, die dem Gottesvolk mitgegebene Wegweisung, die er auch an seine nicht aus jüdischer Tradition kommende heidenchristliche Gemeinde weitergeben möchte. Die Tora ist für ihn die eigentliche Verbindung zwischen dem alten und dem neuen Gottesvolk aus Juden und Heiden.[89] Was aber bedeutet die Tora für die Frage nach der Überwindung des Gegensatzes von arm und reich? Offenbar ist für Lukas das »Gesetz und die Propheten«, der eigentliche Kern der Traditionen Israels, kein Ensemble von Kult- und Reinheitsgeboten, sondern entscheidende ethische Wegweisung. Er kommt ja aus den Reihen jener »Gottesfürchtigen«, die den Beginn der christlichen Gemeinden außerhalb Palästinas gebildet hatten und das Judentum als wegweisenden Gottesglauben für sich entdeckt hatten. Und wie auch die aus der jüdischen Tradition kommenden Evangelien orientiert sich Lukas an dem sozialen »Herz« des Gesetzes, dem Sabbat, der »für den Menschen da ist«. Die Dimension dieses Sabbatgebotes wird freilich erst deutlich, wenn es in seiner ursprünglichen Fassung wahrgenommen wird. Es geht nicht darum, den Sabbat mit einer Kulthandlung zu begehen, sondern den Tag des Herrn dadurch zu heiligen, dass man nicht arbeitet, vor allem aber: auch nicht arbeiten lässt! Es ist ein Tag der Ruhe und Freiheit für alle, auch für die Sklaven und Sklavinnen, den Fremdarbeiter, selbst für die Arbeitstiere. Begründet wird dieses Gebot einmal mit dem siebten Tag der Schöpfung, an dem auch Gott »ruhte von seinen Werken« (Ex 20,11), an einer anderen Stelle mit der Erinnerung an das eigene Sklavendasein in Ägypten (Dt 5,15). Der »Tag des Herrn« gibt Gott die Herrschaft zurück; an ihm ist die Herrschaft von Menschen über Menschen aufgehoben. Und wenn der Messias kommt, so hofft Israel, wird es den »ewigen Sabbat« geben. Bis dahin gehen vom Sabbat zumindest entscheidende soziale Impulse aus. Immer geht es darum, die Freiheits- und Gleichheitsrechte, die das Sabbatgebot zum Ausdruck bringt, auch in Israels Sozialgesetzgebung zu verankern. Das siebte Jahr wird zum Sabbatjahr, in dem die Schuldsklaven freigelassen werden sollen; auch das Land soll Ruhe haben, nicht bearbeitet werden, die Armen sollen sich bedienen von dem, was nicht geerntet wird. Im siebenmalsiebten Jahr wird ein Erlassjahr ausgerufen, Schulden sollen erlassen, verkauftes Land an den ursprünglichen Besitzer zurückgegeben werden. (Lev 25) Es ist ein Programm des sozialen Ausgleichs, es soll verhindern, dass die Schere zwischen arm und reich immer weiter aufgeht.

Es ist nicht sicher, wie und in welcher Zeit und in welchem Umfang diese Sozialstruktur wirklich funktioniert hat. Sicher – und in den sozialkritischen prophetischen Texten der Bibel nachzulesen – ist, dass der Grundgedanke dieser Sabbatgesetzgebung immer wieder eingeschärft und eingeklagt worden ist: dass nämlich Menschen nicht das Eigentum von Menschen sein können und dass die Erde Gott gehört, Privateigentum an Grund und Boden und Akkumulation des Vermögens auf Kosten anderer also ausgeschlossen werden muss. Nein, der Reiche muss nicht reich bleiben und der Arme nicht arm! Sabbat, Sabbatjahr und Erlassjahr sind »Bestandteile der altisraelitischen Gesetzgebung und des Kampfes Israels um Gerechtigkeit ... In der Gesetzgebung, bei den Propheten, bei Jesus, bei Paulus gibt es dabei einen kontinuierlichen roten Faden: die Wirklichkeit der Menschen wird nicht von oben, sondern aus der Perspektive des kleinen Mannes betrachtet.«[90]

In der Tradition der Sabbatgesetzgebung kommen die Menschen in den Blick, auf deren Rücken die Macht der Imperien und ihre Baudenkmäler, die Prestigeobjekte der Megakulturen, errichtet wurden. Sie zahlen bis heute den Preis für hohe Profite und Luxuskonsum. Für sie ist der Sabbat ein Tag der Freiheit und der Menschenwürde. Im Sabbatgebot ist das zentrale befreiende und herrschaftskritische Element enthalten, das die biblischen Traditionen durchzieht und in vielfacher Form in den revolutionären Bewegungen der Geschichte wiederkehrt.

So auch in der Geschichte, die Lukas von Armut und Reichtum erzählt. Es geht doch anders, lässt er Abraham sagen, hört auf das Gesetz und die Propheten! Und er fügt hinzu: es braucht kein Wunder, keine sensationelle Auferstehung von den Toten. Wer der Weisung zur Gerechtigkeit nicht folgen will, wird sich auch davon nicht überzeugen lassen. Das wird auch die Mechanismen des Marktes nicht außer Kraft setzen. Es geht um »das Einfache, das schwer zu machen ist«: die Abschaffung von Herrschafts- und Wirtschaftsstrukturen der Ungleichheit.

Kontexte

Was ist der Sabbat?

Eine Erinnerung an jedermanns Königswürde, eine Aufhebung der Unterscheidung von Herr und Knecht, reich und arm, Erfolg und Fehlschlag. Den Sabbat feiern heißt, unsere letzte Unabhängigkeit von Zivilisation und Gesellschaft zu erfahren, von Leistung und Angst. Der Sabbat ist eine Verkörperung des Glaubens, dass alle Menschen gleich sind und dass die Gleichheit der Menschen ihren Adel ausmacht.
Der Sabbat ist eine Zusicherung dessen, dass der Geist größer ist als das Universum, und dass jenseits des Guten das Heilige ist. Das Universum wurde in sechs Tagen geschaffen, aber der Höhepunkt der Schöpfung war der siebte Tag. Die Dinge, die in den sechs Tagen ins Leben gekommen sind, sind gut; aber der siebte Tag ist »heilig«! Der Sabbat ist Heiligkeit in der Zeit!

Abraham Joshua Heschel, in: God in Search of Men, New York 1978.

★

Die Menschen gehören Gott, und das Heil der Welt entscheidet sich an dem verarmenden Bauern, der dünnen kleinen Frau aus Aquaba, den Armen, die Jesus seligpreist, den Hafenarbeitern von Korinth, die in Christus ihr Heil fanden. Dieser biblische rote Faden wird seit der zweiten Lateinamerikanischen Bischofskonferenz in Puebla die »Option für die Armen« genannt. Damit ist mehr gemeint als die christliche Tradition der Barmherzigkeit, der »Liebestätigkeit«. Es ist damit gemeint, dass die Perspektive auf Gerechtigkeit für alle nur möglich ist, wenn sie einseitig von unten begonnen wird. Das Heil der Welt entscheidet sich an den Opfern.

Luise Schottroff, Der Held der Bibel ist der kleine Mann, aus: Dorothee Sölle/Luise Schottroff, Die Erde gehört Gott, Reinbek 1985, S. 78f.

Trachtet nach dem, was auf Erden ist! Daran entscheidet sich heute Gewaltiges, ob wir Christen Kraft genug haben, der Welt zu bezeugen, dass wir keine Träumer und Wolkenwandler sind. Dass wir nicht die Dinge kommen und gehen lassen, wie sie nun einmal sind. Dass unser Glaube wirklich nicht das Opium ist, das uns zufrieden sein lässt inmitten einer ungerechten Welt. Sondern dass wir, gerade weil wir trachten nach dem, was droben ist, nur umso hartnäckiger und zielbewusster protestieren auf dieser Erde.

Dietrich Bonhoeffer, DBW 11, 446.

Gewiss, die jenseitigen Dinge haben einen bedeutsamen Platz in allen Religionen, die diesen Namen verdienen. Wahre Religion muss sich aber auch um die sozialen Verhältnisse kümmern. Trotz aller edlen Versicherungen des Christentums hat es die Kirche oft an echter Sorge um soziale Gerechtigkeit fehlen lassen. Sie war oft so sehr mit dem besseren Jenseits beschäftigt, dass sie das schlechte Diesseits übersah. Das Christentum ist aber aufgerufen, das Evangelium Christi auch im sozialen Leben wirksam werden zu lassen. Das bedeutet: Die christliche Botschaft will einerseits die Herzen der Menschen verändern und sie dadurch mit Gott vereinen. Andererseits will sie die Lebensbedingungen der Menschen so verändern, dass die erneuerten Herzen auch eine Chance bekommen. Jede Religion, die erklärt, sie kümmere sich um die Seelen der Menschen, sich aber nicht um die Slums kümmert, die ihnen den Hals zuschnüren, ist saft- und kraftlos – sie ist Opium für das Volk.

Martin Luther King, 1965, aus: Kraft zum Leben, Konstanz 1971, S. 155f.

Abb. 5: Gottvater ruht sich am siebenten Schöpfungstag aus – Sabbat, Mosaik an der Südwand im Mittelschiff der Kathedrale in Monreale, Sizilien/Italien, © der Vorlage: akg-images GmbH, Berlin.

Brot und Wein

Abendmahl – Wann ist Jesus »präsent?«

»Alle, die gläubig geworden waren, bildeten eine Gemeinschaft und hatten alles gemeinsam. Sie verkauften Hab und Gut und gaben davon allen, jedem so viel, wie er nötig hatte ... Sie brachen in ihren Häusern das Brot und hielten miteinander Mahl in Freude und Einfalt des Herzens« (Apg 2,44ff.), so beschreibt Lukas zu Beginn der Apostelgeschichte die erste Gemeinde. Diese urchristliche Idylle, die immer wieder gern beschworen wird, ist (leider) eine idealisierende Vorstellung in der Rückschau eines Evangelisten aus der dritten Generation.[91] Hier wie auch in manchen Texten des Lukasevangeliums wird ein christliches Nachfolgeideal beschworen, um der real existierenden Gemeinde zu zeigen, wie sie *eigentlich* sein sollte. Die Mahlgemeinschaft des »Herrenmahls« wird in dieser Tradition bis heute als ein Abbild der Gemeinschaft von Brüdern und Schwestern beschrieben, mit dem gegenseitigen Zeichen des Friedens und der Aufforderung zur Versöhnung bis zu dem Segen und dem Friedenswunsch am Schluss. Es ist eine Symbolhandlung, die zweifellos ausdrückt, was sein soll, was aber in Wahrheit nicht unbedingt so ist. Und das war in den ersten Christengemeinden auch nicht anders, wie bei Paulus, der authentischen Stimme aus der ersten Generation, nachzulesen ist.

»Denn das habe ich vom Herrn Jesus empfangen, was ich euch dann überliefert habe. Jesus, der Herr, nahm in der Nacht, in der er ausgeliefert wurde, das Brot, dankte und brach es, gab es den Jüngern und sprach: Das ist mein Leib für euch. Tut dies zu meinem Gedächtnis. Ebenso nahm er nach dem Mahl den Kelch, dankte und sprach: Dieser Kelch ist der neue Bund in meinem Blut. Tut dies, sooft ihr daraus trinkt, zu meinem Gedächtnis.« (1. Kor 11,23-25)

Es ist die älteste überlieferte Abendmahlsformel, zitiert von Paulus im ersten Brief an die Korinther, und sie enthält neben dem Verweis auf die Elemente Brot und Wein die entscheidenden Stichworte zur Deutung des Geschehens. Zuerst einmal wird deutlich, dass das Herrenmahl ein Erinnerungs- und Gemeinschaftsmahl sein soll. In der jüdischen Tradition ist Erinnerung zugleich *Vergegenwärtigung* – in der gemeinsamen Erinnerung wird der Herr Jesus im Kreis seiner Nachfolger gegenwärtig sein, aber nur, wenn diese wirklich eine *Gemeinschaft* sind. Paulus beschreibt drastisch, dass dies in der Gemeinde in Korinth nicht der Fall ist, »denn jeder verzehrt sofort seine eigene Speise, dann hungert der eine, während der andere schon betrunken ist«. (1. Kor 11,21) Das ist keine Feier des Herrenmahles mehr, schreibt Paulus erzürnt. »Wenn ihr zum Mahl zusammenkommt, liebe Brüder (!), wartet aufeinander! Wer Hunger hat, soll zu Hause essen, sonst wird euch die Zusammenkunft zum Gericht!« (1. Kor 11,33f.) Wie sehr hätte man sich gewünscht, Paulus hätte zum Teilen der mitgebrachten Speisen aufgefordert. Das hat es zweifellos bei den christlichen Liebes- und Sättigungsmählern auch gegeben. Wann und warum aber das Ideal von der Wirklichkeit abweicht, ist immer eine sehr komplexe Frage. In den griechischen Stadtgemeinden ist die soziale Ausdifferenzierung wohl von Anfang an stärker als anderswo, was sich dann auch in dem von Paulus beschriebenen »Herrenmahl« ausgewirkt hat. Sein Rat ist, wie er schreibt, vorläufig, die Diskussion ist noch nicht beendet. Erst einmal bleibt es aber dabei, dass nun die Gemeinschaft des geteilten Essens auf eine Symbolhandlung reduziert wird, während der reale Unterschied zwischen denen, die viel, und den anderen, die wenig haben, bestehen bleibt.

Was aber ist der eigentliche Inhalt dieser Symbolhandlung? Ist der Herr Jesus wirklich in Brot und Wein real präsent? In den ersten drei Evangelien hat die Abendmahlsformel ihren Platz in der Feier des Passahfestes, die zugleich als Abschiedsfeier Jesu von seinen Jüngern gedeutet wird. In dieser für das Judentum bis heute zentralen Feier steht das Gedächtnis der Nacht vor dem Auszug der Kinder Israels aus der Sklaverei in Ägypten im Mittelpunkt. Auch hier geht es um die Erinnerung als Vergegenwärtigung: »Warum ist diese Nacht anders als alle anderen Nächte? Weil wir Sklaven waren und nun frei sind!« Es geht also um den Auszug aus der Knechtschaft in die Freiheit, nicht nur damals, sondern *hier und jetzt*. Zu dieser Nacht gehört das Passahlamm in Erinnerung an jene Nacht, in der das Blut des Lammes an den Türpfosten der hebräischen Sklaven dafür sorgen sollte, dass der Todesengel, der die Familien der Ägypter heimsucht, an den Hütten der Sklaven vorbeigeht; das hat dem Fest den Namen gegeben: Passah – das Vorbeigehen. Das Blut des Lammes wehrt also die Mächte des Todes ab – dieser Gedanke wurde bald auch auf das von dem Messias Jesus vergossene Blut übertragen; im Johannesevangelium wird Jesus sogar selbst zum endzeitlichen Passahlamm – ein Passahmahl wird hier gar nicht inszeniert. Die Vorstellung von der lebensspendenden Kraft des Blutes ist also aus sehr alten Überlieferungen Israels, die sich wiederum aus nomadischen Sitten und Traditionen speisen, übernommen worden. Dazu gehört auch die Aussage, dass mit dem Kelch das Blut des Bundes symbolisiert wird. In der Geschichte vom Bundesschluss zwischen Gott und dem Volk Israel am Berg Sinai wird dieser Bund mit dem Blut eines Opfertieres besiegelt (Ex 24,8); und bis heute gibt es das Ritual der Blutsbrüderschaft, inzwischen auch unter Schwestern. Eins aber ist deutlich: in allen Abendmahlsszenarien geht es um die *Symbolkraft* des geteilten Brotes und Kelches als Zeichen eines neuen

Bundes. Keineswegs ist von einer Realpräsenz des Leibes und Blutes Jesu in Brot und Wein die Rede.

Diese magische Vorstellung kommt aus einer anderen biblischen Tradition, die mit Anlehnungen aus den Mysterienkulten zu tun hat. Sie gehörten in der globalisierten Welt des Imperium Romanum zu einer religiösen Neuerscheinung, die große Anziehungskraft besaß. Das Bedürfnis nach Gemeinschaft in esoterischen Geheimkulten, nach verbindlicher Zugehörigkeit, nach religiösem Geheimnis konnte offenbar von dem offiziellen Staatskult nicht mehr befriedigt werden.[92] Manches ist aus den Mysterienkulten auch in das Christentum eingegangen, vor allem im Johannesevangelium, wo erstmals die Vorstellung von Jesus, dem *Brot des Lebens* auftaucht. In den Mysterienkulten entstand die Praxis einer Mahlfeier, in deren Verlauf die Teilnehmer das Leben, das Leiden und die Überwindung des Leidens einer Gottheit miterleben sollen. Davon erhofften sie sich eine Stärkung der Lebenskräfte bis hin zur Überwindung des Todes. Mit dem Essen des Brotes war die Vorstellung der »Theophagie« verbunden, die Vorstellung, man könne ein Stück »Gott essen« für das »ewige Leben«. Diesen Gedanken findet man im Johannesevangelium, und nur dort. Doch anders als in den Mysterienkulten hat Johannes diesen Gedanken in zwei Szenarien eingebunden, die zentral in die Überlieferungen Israels und die genuin jüdische Jesustradition hineingehören: die wunderbare Sättigung der Israeliten in der Wüste durch das Manna vom Himmel und die Speisung der 5.000 durch das Teilen der Brote und Fische in der Wüste. Im Anschluss an diese Geschichte legt Johannes dem Jesus die »Brotrede« in den Mund: »Ich bin das Brot des Lebens. Wer zu mir kommt, wird nie mehr hungern, und wer an mich glaubt, wird nie mehr Durst haben ... Ich bin das lebendige Brot, das vom Himmel gekommen ist. Wer von diesem Brot isst, wird in Ewigkeit leben. Das Brot, das ich geben werde, ist mein Fleisch, ich gebe es hin für das Leben der Welt.« (Joh 6,35.51)

In unserem Abendmahl stecken also etliche unterschiedliche Traditionen, die zu teilweise gegensätzlichen Deutungen geführt haben und bis heute eine Mahlgemeinschaft zwischen katholischen und evangelischen Christen offiziell verhindern. In den Basisbewegungen beider Konfessionen spielen solche von oben diktierten und zementierten Trennungen allerdings schon lange keine Rolle mehr. Zu sehr brauchen wir die Gemeinschaft und die Ökonomie des Teilens in einer Welt, die daran zugrunde gehen könnte, dass jeder nur sein eigenes Brot isst.

Abb. 6: »Eucharistisches Liebesmahl« (Agape), frühchristliche Wandmalerei, 3./4. Jhd., Petrus- und Marcellinus-Katakombe, Rom/Italien, © der Vorlage: akg-images GmbH/Pirozzi, Berlin.

Kontexte

Brot und Wein

Brot, Wein: Früchte
der Sonne, der Erde,
der Göttinnen, Götter einst.

Und jetzt
der Leib, das Blut.

Und jetzt
Seine Auferstehung.

Und jetzt
das Teilen.

Etwas wird
möglich, etwas
wie Heimat für alle.

Kurt Marti
Aus: Kurt Marti, O Gott! Essays und Meditationen, © 1987 by Radius-Verlag, Stuttgart.

✻

Botschaft an die Christen

Das wichtigste am Katholizismus ist die Nächstenliebe. Wer seinen Nächsten liebt, erfüllt das Gesetz. Soll die Liebe wahrhaftig sein, muss sie wirksame Wege suchen. Wenn Spenden und Almosen, wenn das, was wir christliche Wohltätigkeit nennen, nicht erreicht, dass die Hungrigen satt, die Nackten bekleidet, die Unwissenden wissend werden, dann müssen wir wirksamere Mittel suchen, um das Wohl der Mehrheit zu sichern.

Dies schnell zu verwirklichen ist das Wesentliche einer Revolution ... Sie ist der Weg, eine Regierung zu errichten, die den Hungrigen Brot gibt, den Nackten Kleidung, den Unwissenden Unterricht, die die Wer-

ke der Liebe erfüllt, einer Liebe für die Mehrheit unserer Nächsten. Darum ist die Revolution nicht nur erlaubt, sie ist verpflichtend für Christen, die in ihr die einzige Möglichkeit sehen, die Nächstenliebe für alle zu verwirklichen.
Ich habe auf die Vorrechte und Pflichten des Klerus verzichtet, aber ich habe nicht aufgehört, Priester zu sein. Ich habe mich aus Liebe für die Revolution entschieden. Ich habe aufgehört, die Messe zu feiern, um diese Liebe besser im Bereich der Wirtschaft und Gesellschaft verwirklichen zu können. Ich glaube, dass ich damit dem Gebot Christi folge: »Lass dein Opfer am Altar liegen und geh und versöhne dich erst mit deinem Bruder ...« Wenn mein Nächster nichts mehr gegen mich hat, wenn die Revolution verwirklicht wurde, will ich wieder die Messe feiern, falls es Gott erlaubt.

Camilo Torres

Camilo Torres, Botschaft an die Christen, Kolumbien 1965, zitiert aus: Hildegard Lüning, Camilo Torres, Priester, Guerillero, Hamburg 1969, S 7ff.

Jesus und die Frauen

Männerängste und Frauenträume

Es ist nicht zu übersehen: die entscheidende Rolle in der größten Krise der Jesusbewegung spielen die Frauen. In den drei ersten Evangelien sind »die Frauen aus Galiläa« diejenigen, die beim Leiden und Sterben des Messias Jesus »vor Ort« bleiben, während die Jünger geflohen sind. Von den Frauen heißt es, dass sie zur Anhängerschaft Jesu in Galiläa gehört haben, also Teil jener Basisbewegung sind, zu deren Rückkehr – nach Markus und Matthäus – die Engel am leeren Grab auffordern. In der Erzählung von der Grablegung Jesu sind sie zusammen mit Josef von Arimatia, einem heimlichen Jesusanhänger, die einzigen, die sich zu dem Gekreuzigten bekennen. Dafür werden sie die ersten Zeuginnen der Auferweckung sein; ihnen wird die Botschaft verkündet, als sie am Tag nach dem Sabbat vor dem leeren Grab stehen.

Nun sind auch diese Erzählungen keine historischen Dokumente. Dass sie aber so und nicht anders erzählt und überliefert worden sind, zeigt den Anteil der Frauen an diesem Überlieferungsprozess. Sie haben wohl entscheidend dazu beigetragen, dass die Geschichte Jesu und seiner Bewegung nach dessen gewaltsamen Tod weiter ging. Frauen haben also in den ersten Generationen innerhalb der christlichen Gemeinden gestaltend mitgewirkt, die Apostelgeschichte erwähnt sie in neuen Rollen, als Prophetinnen und Katechetinnen.[93] Unter ihnen wird eine Frauengestalt besonders hervorgehoben: Maria von Magdala, die Lukas Maria Magdalena, das heißt nichts anderes als die »Magdalanerin«, nennt. Sie ist in allen vier Evangelien als Zeugin der Auferstehung genannt, in den synoptischen Evangelien zusammen mit jeweils unterschiedlichen anderen Frauen, im Johannesevangelium allein. Sie muss also eine bedeutsame Gestalt in der frühen Christenheit gewesen sein, dem Petrus ebenbürtig, der ja in der Passionsgeschichte kläglich versagt und in den Auferstehungserzählungen erst mühsam wieder »aufgebaut« werden muss. Wer aber ist Maria von Magdala?

Die biblischen Nachrichten über Maria aus Magdala sind ausgesprochen spärlich. Im Markusevangelium erscheint sie ebenso wie im Matthäusevangelium in einem einzigen, wenngleich zentralen Traditionszusammenhang: als Erstgenannte unter den Frauen, welche die Kreuzigung, Grablegung und die Auferstehungsbotschaft bezeugen können. (Mk 15,40-16,8par) Darüber hinaus wird über die Person der Maria von Magdala nichts bekannt, auch nicht im Johannesevangelium, obwohl in ihm eine besonders schöne Geschichte über die Begegnung Marias mit dem auferstandenen Jesus erzählt wird. Biografisches aber enthält auch diese Geschichte nicht. Allenfalls ist dem Anhang, der dem Markusevangelium später angefügt wurde, eine Information über Maria von Magdala zu entnehmen. (Mk 16,9) Doch enthält dieser »unechte« Markusschluss lediglich eine knappe Zusammenfassung all jener Berichte, die man aus den zeitlich nach Markus zusammengestellten Evangelien bezogen hatte. Von dort stammt auch jene Anmerkung, die aus dem Lukasevangelium übernommen wurde und die möglicherweise einen biografischen Hinweis enthält – darüber, dass Jesus die Maria von Magdala von sieben Dämonen befreit habe.

Die Originalversion bei Lukas liest sich so: »in der folgenden Zeit wanderte Jesus von Stadt zu Stadt und von Dorf zu Dorf und verkündete das Evangelium vom Reich Gottes. Die zwölf begleiteten ihn, außerdem einige Frauen, die er von bösen Geistern und Krankheiten geheilt hatte: Maria Magdalena, aus der sieben Dämonen ausgefahren waren, Johanna, die Frau des Chuzas, eines Beamten des Herodes, Susanna und viele andere. Sie alle unterstützten Jesus und die Jünger mit dem, was sie besaßen.« (Lk 8,1-3) Dass Lukas mit Maria Magdalena Maria von Magdala gemeint habe, ist also schon von den frühen Auslegern angenommen worden. Mit Sicherheit lässt sich aber selbst das nicht behaupten. Denn die Maria Magdalena, die Lukas schildert, gehört nicht in die Szenerie der ursprünglichen Jesusbewegung hinein. »Lukas hat nämlich ein für sein Evangelium sehr spezifisches Bild von der Rolle der Frauen für die Jesusbewegung, das an entscheidenden Punkten historisch nicht zutreffen wird ... Er stellt sich vor, dass die Frauen, die Jesus auf seinem Wege folgen, wenigstens zum Teil aus vermögenden Kreisen stammen und die Jesusbewegung ›aus ihrem Vermögen‹ unterstützten (Lk 8,3)... Seine Vorstellung von vermögenden Frauen in der Nähe Jesu stammt nicht aus sonst verschütteten Traditionen über die Jesusbewegung, sondern aus späteren Erfahrungen der jungen Kirche in den Städten des Römischen Reiches außerhalb Palästinas, die er in die Jesuszeit zurückprojiziert.«[94] Die Rolle der vermögenden und selbstständigen Frauen wird in der Apostelgeschichte mehrfach erwähnt. In der unmittelbaren Umgebung Jesu, in der Schar bettelarmer, vielfach entwurzelter Männer und Frauen aus Galiläa tauchen sie noch nicht auf. Vielmehr wird hier in der Gleichberechtigung der Armut die Verkündigung des Reiches Gottes unterschiedslos all denen zum Hoffnungsschimmer, die unter Hunger und Ausbeutung, Krankheit und »bösen Geistern« zu leiden haben. »Männer und Frauen werden geheilt und folgen damit auch Jesus nach ... Frauen und Männer werden nicht gegeneinander abgegrenzt, die Gruppe der Kranken wird nicht gegen die Gruppe der Armen abgegrenzt. Die Verkündigung des Evangeliums und die Heilung der Kranken gehören zusammen. Dass mit der Nachfolge Jesu in dieser Zeit auch jeder Jesusnachfolger die Aufgabe empfing, zu verkündigen und zu heilen, steht zu vermuten ... Man wird hinzufügen können, dass diese Nachfolge die Verkündigung der Botschaft vom Anbruch des Reiches Gottes mit einschloss.«[95]

In diese Bewegung lässt sich das Bild jener »Frauen aus Galiläa« einzeichnen, die Jesus nachfolgten und »ihm dienten« (Mk 15,40f.), das heißt: in der Nachfolge Jesu den Verkündigungsauftrag wahrnahmen. Unter ihnen wird mehrfach als Erste Maria von Magdala namentlich genannt. Von einer dämonischen Besessenheit wissen die ältesten Überlieferungen noch nichts. Ihnen kann man lediglich Folgendes entnehmen: Maria von Magdala, die Nachfolgerin und Jüngerin Jesu, stammt aus dem galiläischen Magdala am See Genezareth; der Name weist eher auf eine Herkunft aus der unteren sozialen Schicht hin, weil kein bedeutender Vater oder Ehemann erwähnt wird. »Es fehlen auch sozial akzeptierte Kategorien ›tugendhafter‹ bzw. respektabler Frauen, die diese als vorbildliche Töchter, Ehefrauen und Mütter legitimer Nachkommen erscheinen lassen.«[96] Mit einem Wort: Maria von Magdala lebt allein, ist gesellschaftlich nicht integriert, ist nicht definiert durch einen Vater, Ehemann, Bruder, Sohn, steht also für sich selbst und ist einzig auf den Mann bezogen, dem sie nachfolgt: Jesus von Nazareth. Auch wenn das zunächst das Einzige ist, das der biblische Befund über die Gestalt der Maria von Magdala hergibt, so reichen die wenigen Angaben doch aus, die Phantasien von Männern und Frauen gleichermaßen, wenn auch in unterschiedlicher Weise, zu beflügeln. Die nur schemenhaft auftauchende, in mancher Hinsicht ungewöhnliche Frauengestalt wurde zur Projektionsfläche für frauenfeindliche Männerängste ebenso wie für emanzipatorische Frauenträume.

Die biblische Überlieferung macht über das Innenleben der Menschen um Jesus allerdings überhaupt keine Aussagen. Den Evangelisten ging es ja eben nicht um Biografien und schon gar nicht um Psychogramme, sondern um Paradigmen gelebter Nachfolge. Bei Markus und Matthäus verkörpert Maria von Magdala zunächst einmal nichts anderes als den Typ der Frau, die keine anderen Bindungen aufweist als die an Jesus und die Jesusbewegung. Die lukanische Maria Magdalena wird als eine von Jesus geheilte Frau dargestellt, die ihr Vermögen der Jesusgemeinde zur Verfügung stellt. In der Geschichte, die Johannes erzählt, erscheint sie als Schülerin des Rabbi Jesus, die ihn verehrt und die von ihm einen besonderen Verkündigungsauftrag erhält. Maria aus Magdala vereint im Grunde in sich alle neuen Rollen, die Frauen in der Jesusbewegung und der frühen Kirche eingenommen haben. Sie symbolisiert die weibliche Seite der Jesusbewegung. An ihr wird deutlich, welche neuen Möglichkeiten sich für Frauen in der Nachfolge Jesu eröffnen. In der Überlieferung der Evangelien ist noch etwas davon zu ahnen. Als sich jedoch die patriarchalen Strukturen in der alten Kirche gegen ein egalitäres Gemeindeverständnis durchsetzten, wurde die Bedeutung der Maria Magdalena nach und nach zurückgedrängt und schließlich bis zur Unkenntlichkeit entstellt.

Dazu bot sich eine Geschichte an, die bei Lukas in einem Kapitel unmittelbar vor der Erwähnung der Maria Magdalena erzählt wird: »Als nun eine Sünderin, die in der Stadt lebte, erfuhr, dass er im Haus des Pharisäers zu Tisch war, kam sie mit einem Alabastergefäß voll wohlriechendem Öl und trat von hinten an ihn heran. Dabei weinte sie und ihre Tränen fielen auf seine Füße. Sie trocknete seine Füße mit ihrem Haar, küsste sie und salbte sie mit dem Öl.« (Lk 7,37f.) Auf die Vorhaltungen der Frommen hin entgegnet Jesus: »Ihr sind viele Sünden vergeben, denn sie hat viel geliebt.« (Lk 7,47) Dieser Satz machte später aus der Maria von Magdala/Magdalena, die mit der Geschichte ursprünglich gar nichts zu tun hatte, die »reuige Sünderin« und die »große Liebende«, und die ihr fälschlicherweise zugeschriebene Salbungsaktion bestimmte sie zur Schutzpatronin der Parfümfabrikanten, Salbenmischer und Friseure sowie der Hersteller von Modeaccessoires wie Kämmen, Necessaires und Handschuhen. Aber das ist noch die harmlosere Seite dieses Vorgangs. Weitreichende Folgen hatte hingegen, dass die Identifikation der lukanischen Maria Magdalena mit der bußfertigen Prostituierten dazu führte, die sieben Dämonen, von denen sie geheilt wurde, mit den sieben Todsünden gleichzusetzen und damit Sünde und Dämonie mit unkontrollierter weiblicher Sexualität in Verbindung zu bringen. Gregor der Große predigte am Ende des 6. Jahrhunderts: »Wir glauben, dass sie, die Lukas ein sündiges Weib, Johannes aber Maria nennt, jene Maria ist, aus der ... sieben Teufel ausgetrieben wurden. Und was anderes wird durch die sieben Teufel bezeichnet als alle Laster und Fehler insgesamt. Es ist klar, Brüder, dass das Weib, das zuvor auf schändliches Tun bedacht war, Salben für sich verwandt hatte, um ihrem Leibe Wohlgeruch zu verleihen. Was sie also schändlicherweise für sich missbraucht, das brachte sie nun löblich Gott zum Opfer. Mit ihren Augen hatte sie begehrlich nach Irdischem geschaut, nun aber zerrieb sie sie im Weinen. Ihre Haare hatte sie zur Zierde ihres Antlitzes verwandt, nun trocknete sie damit die Tränen. Mit dem Munde hatte sie übermütige Reden geführt, nun küsste sie mit ihm die Füße des Herrn und drückte ihn auf die Spuren ihres Erlösers. So viele Ergötzungen sie in sich gehabt, so viele Opfer fand sie nun von sich. Sie kehrte die Zahl ihrer Sünden in die Zahl von Tugenden um, damit so alles an ihr, was in ihrem Sündenleben Gott verachtet hatte, ihm nun in Buße diene.«[97] Mit dieser Interpretation wurde das Bild der Maria Magdalena für die nächsten tausendvierhundert Jahre festgelegt. »Aus der Evangeliengestalt mit ihrer aktiven Rolle als Apostelin der Apostel ... wurde die gerettete Hure, das christliche Modell der Bußfertigkeit. Sie wurde so zu einer beherrschbaren Figur, die als wirksames Propagandainstrument gegen ihr eigenes Geschlecht eingesetzt werden konnte.«[98] Frauen, so lautet von nun an die männliche Lesart, sind lasterhaft wie Maria Magdalena und sollen geläutert werden wie sie. Damit hatte Maria Magdalena ihren Ruf endgültig weg. Als sie schließlich zum Medienstar avancierte, wurde das traditionelle Magdalenenbild noch einmal in kräftigen Farben ausgemalt. In Franco Zeffirellis populärem Vierteiler »Jesus von Nazareth«, der alljährlich um Ostern herum auf irgend einem Kanal zu besten Zeiten im Familienfernsehen läuft, erscheint sie erst als wundervoll verruchte italienische Schönheit, sozusagen als das Laster persönlich, um dann später ungeschminkt, im schwarzen Habit, den Freuden der Welt zu entsagen und ihre neue Berufung wahrzunehmen.

All das könnte man als interessante biblische Folklore abtun, wenn damit nicht ein viel ernsteres Problem verbunden wäre. Es geht in der kirchlichen Tradition vor allem um die »apostolische Sukzession«, um das mit der Berufung der Apostel verbundene Leitungsamt, das in der katholischen und orthodoxen Tradition den Frauen mit der Begründung vorenthalten wird, es seien ja nur Männer berufen worden. Nach biblischer Tradition gilt das zumindest für Maria von Magdala nicht, die im Johannesevangelium von dem Auferstandenen den Verkündigungsauftrag an die Jünger erhält, also zur »Apostelin der Apostel« berufen wird. Das deutet eindeutig darauf hin, dass zumindest in vielen frühen Gemeinden das weibliche Leitungsamt möglich gewesen ist. Für dessen Patriarchalisierung, die bis heute andauert, war es notwendig, die Apostelin zu demontieren. Genau deshalb aber wird sie von der Frauenbewegung innerhalb und außerhalb der Kirche immer neu wiederentdeckt.

Hier freilich treibt die Projektion emanzipatorischer Frauenträume ebenso, wenn auch andere Blüten. Maria von Magdala wird zur Geliebten, zur geistlichen Braut des Messias Jesus, schließlich zur eigentlichen Vermittlerin seiner Lehren.

Von Magdalenenromanen[99] bis zur Magdalena in »Jesus Christ Superstar« – sie ist »die Frau an seiner Seite«, in esoterischen Traditionen sogar die Stammmutter einer Jesus-Blutlinie[100]. Das hat seinen Ursprung in den gnostischen Evangelien, die von der kirchlichen Tradition als häretisch abgelehnt wurden und darum keinen Eingang in den Kanon fanden. Im »Evangelium der Maria« wird sie als die Verkündigerin der Lehren Jesu dargestellt, der hier freilich mit dem jüdischen Jesus aus Nazareth nicht mehr viel zu tun hat, sondern als ein gnostischer Weisheitslehrer auftritt. In einem sehr komplexen gnostischen Welterlösungsschema wird sie zur »Paargenossin« Jesu, verbunden mit der Vorstellung von einem mythischen Erlöserpaar, dessen Vereinigung im »Brautgemach«, dem Ort der Fülle, die Versöhnung der mit sich selbst und mit Gott entzweiten Menschheit bewirkt.[101] Diese schöne Vorstellung wurde der Ursprung zahlreicher Bilder von der emanzipierten Traumfrau des integrierten Mannes, der die Frauen so gut versteht. Wobei eines ziemlich sicher gesagt werden kann: Wäre die Bewegung um Jesus nicht offen gewesen für die Beteiligung von Frauen, hätte es die weiblichen Traditionen in der christlichen Überlieferung nicht gegeben. Was sie uns aber mitteilen, ist nicht die Besonderheit einer einzelnen Gestalt, sondern das Ensemble von Frauenerfahrungen in Befreiungsbewegungen. Dass die biblischen Texte die Rolle der Frauen in der Passionsgeschichte übereinstimmend festhalten, deutet darauf hin, dass Frauen nicht nur an der Ausbreitung der Jesusbewegung maßgeblich beteiligt waren, sondern vor allem auch an der »kontinuierlichen Weiterführung dieser Bewegung nach der Verhaftung und Hinrichtung Jesu«[102]. Über konkrete Vorgehensweisen und historische Vorgänge zu spekulieren, verbieten die biblischen Texte jedoch. Sie halten vielmehr eine Erkenntnis fest, die sich nicht nur auf diese eine Situation beschränkt, sondern eine allgemeine Erfahrung aus Verfolgungs- und Krisensituationen verarbeitet: dass nämlich dort, wo anscheinend nichts mehr weitergeht, Frauen die stärkere Durchhaltekraft beweisen. Sie können offenbar besser mit Niederlagen umgehen als die Männer, die nach dem offensichtlichen Scheitern Jesu die Flucht ergreifen und nicht glauben können, dass seine Bewegung weitergeht. Von den Frauen werden keine großen Aktionen, keine Heldentaten berichtet, aber ein stilles Ausharren, eine hartnäckige Beharrlichkeit, wo alles verloren scheint und die Helden müde geworden sind. Sie haben keine großen Reden gehalten wie Petrus, sie haben nicht wie er mit heroischer Geste das Schwert gezogen, um ihn zu verteidigen. Sie haben aber auch nicht den Besiegten und Verklagten verleugnet und gesagt: »Ich kenne ihn nicht.« Sie haben vielleicht gerade als Frauen in einer patriarchalen Welt eher als die Männer um Jesus erahnen können, was die Evangelisten theologisch zu reflektieren versuchen: dass sich das Geheimnis des Messias Jesus nicht in seiner Macht, sondern seiner Ohnmacht offenbart. Indem sie ihm in die Erniedrigung folgen, werden sie die ersten Zeuginnen seiner Erhöhung. Dass es Frauen waren, welche die Fortführung der Jesusbewegung in ihrer entscheidenden Krise getragen haben, wird ihre Autorität in der christlichen Gemeinde im Wesentlichen begründet haben. Männer, so scheint es, tauchen erst wieder auf, als es Macht zu verteilen gibt und Leitungsfunktionen. Sie werden ihren Anspruch theologisch zu legitimieren wissen, auch wenn die Texte am Ende der Evangelien offensichtlich ihre Mühe damit haben, vor allem den Petrus wieder ins Spiel zu bringen und zu rehabilitieren. Dass sein apostolischer Führungsanspruch zunächst durchaus nicht unumstritten gewesen sein dürfte, zeigt seine Rolle in den Passions- und Auferstehungsberichten jedenfalls deutlich genug. Dass Maria von Magdala/Magdalena ihm zunächst gleichgeordnet wurde und dass damit das Recht von Frauen auf Leitungsämter in der christlichen Gemeinde begründet worden ist, lässt sich aus den biblischen Texten ebenfalls rekonstruieren. Doch sollte das nicht dazu verleiten, weitergehende historische und biografische Spekulationen anzustellen. So sicher es die historische Maria aus Magdala gegeben haben wird, so sehr ist ihre biblisch fassbare Gestalt bereits eine Repräsentation von (Frauen-) Erfahrungen in der frühen Christenheit allgemein.

Eine dieser Erfahrung wird im letzten Kapitel des Markusevangeliums zum Ausdruck gebracht. In ihm wird berichtet, dass die Frauen den Auftrag erhalten, die Jünger nach Galiläa zu schicken: Dort werden sie den Auferstandenen wiederfinden. (Mk 16,7) Damit endet die »Frohe Botschaft nach Markus«: die galiläischen Frauen, auch Maria von Magdala, behalten diese Botschaft für sich, weil Furcht und Schrecken über sie gekommen ist. Die Geschichte, die Markus erzählt, hat ein offenes Ende: »Das Evangelium ist ... für eine Gemeinde geschrieben worden, in der es gelesen und vorgelesen werden soll ... Ist die Verlesung des Evangeliums in der Gemeinde mit 16,8 zu Ende gekommen, beginnt sie schließlich mit 1,1 von neuem, und dort geht Jesus seinen Jüngern wieder in Galiläa voran ...«[103] Diesen Prozess sollen die Hörer und Hörerinnen der Geschichte mit vollziehen. In der Gefährdung der Verfolgung, trotz Furcht und Erschrecken, sollen sie in die Nachfolge des irdischen Jesus eintreten. »Vom Zeugnis der Auferweckung Jesu her erfolgt also ein Hineinnehmen in die erneute und erneuerte Nachfolge des Irdischen. Darin wird er zu ›sehen‹ sein, weil er darin erneut gegenwärtig ist.«[104] Ähnlich schildert es Michel Clévenot in einer wunderbaren Szene, die den Produktionskontext der Markusgeschichte nachzuempfinden versucht. Er lässt sie in Rom stattfinden, im Trastevere, »einer trostlosen Vorstadt, wo sich Zehntausende von Hafenarbeitern, Hilfsarbeitern und Arbeitslosen zusammenballen ... Dort hat sich mit hereinbrechender Nacht gerade eine kleine Gruppe von ärmlich gekleideten Männern und Frauen in einem Schuppen versammelt. Sie machen keinen besonders ermutigenden Eindruck und suchen verstohlen mit ihren Augen alle dunklen Winkel ab, in denen sich ein Denunziant versteckt haben könnte. Sie sind gerade dabei, einer Person mit sonnenverbranntem Gesicht und judäischen Zügen zuzuhören.« Der Erzähler berichtet von der Kreuzigung, von dem Begräbnis, von dem Morgen des dritten Tages. »Und die Kunst des Erzählers ist so groß, sein Ton so überzeugend, dass man, während man ihm zuhört, wie er uns jene Frauen ins Gedächtnis zurückruft, die nicht den Mut hatten, die aufregende Botschaft auszurichten, das Verlangen verspürt aufzuspringen und zu schreien: Ich werde gehen! ... Wenn Markus die Sensation ablehnt, wenn er sich weigert, seinen Lesern etwas von einer wunderartigen Auferstehung zu erzählen und ihnen stattdessen vorschlägt, sich selber des Evangeliums anzunehmen, führt er dann nicht ... ein völlig eigenständiges Prinzip des Umsturzes ein: den Aufruf, sich zu erheben und Jesus nachzufolgen?«[105]

»Die Bewegung zum Reich Gottes braucht keine Helden, sondern jeden von uns!« heißt ein Motto der christlichen Basisbewegungen. Die galiläischen Frauen, die keine »Helden« sein wollten, erinnern uns daran. Frauen in den Texten der Evangelien sind keine Heldinnen und auch keine Heiligen, sie repräsentieren die Frauen ihrer Zeit und ihres Lebensumfeldes insgesamt: Ehefrauen, Prostituierte, »Blutflüssige«, Mütter, Gastgeberinnen, eingebunden in ihre traditionellen Rollen, die sie doch auch erweitern oder verlassen. Das führt keineswegs immer in die schwesterliche Idylle, eher auch zu Konflikten, wenn Frauen ihre Spielräume zu erweitern versuchen. Aber für sie alle ist die Befreiungsbewegung hin zu einer gemeinsamen Welt der Menschenrechte für Frauen und andere Menschen ein Aufbruch in eine bessere Zukunft. Für diesen Aufbruch steht die Gestalt der Maria von Magdala – sie ist so, wie wir sein können.

»Die Herren der Welt gehen, unser Herr kommt!«

Die Staatskritik der Johannesapokalypse

Wer es zuerst gesagt hat, ist nicht mehr genau zu ermitteln. Sicher ist aber, dass der Satz, mit dem die Herren dieser Welt in ihre Schranken verwiesen werden, in den Kreisen der Bekennenden Kirche entstanden ist.[106] Er richtete sich gegen jene Herren, die sich in hybridem Macht- und Größenwahn anschickten, die Weltherrschaft zu erobern, und die zugleich ihren totalitären Machtanspruch auch ideologisch, als Macht über die Herzen und Gewissen der Menschen, in ihrem Machtbereich durchzusetzen versuchten. Unversehens fanden sich damit Christinnen und Christen, die der nationalsozialistischen Herrschaft und ihrer Ideologie widerstanden, in einer ähnlichen Lage wie der Verfasser jener apokalyptischen Schrift, die den Abschluss der biblischen Schriften bildet. Das Bewusstsein, dass die Herren der Welt gehen, dass ihre Macht begrenzt ist und beschränkt sein muss, hat zu allen Zeiten den Geist des Widerstands gegen jede sich absolut setzende Macht hervorgebracht. Diese jüdische und christliche Widerstandstradition ist durch die biblischen Schriften inspiriert worden und lässt sich durch die Befreiungstraditionen des ersten und des zweiten Testamentes hindurch verfolgen. In der Apokalypse des Johannes aber wird die Überzeugung, dass die letzte Loyalität einem anderen Herrn als den Mächtigen der Welt gilt, zur zentralen Programmatik und zur überlebenswichtigen Hoffnung einer bedrängten christlichen Gemeinde, die sehnsüchtig darauf wartet, dass die Herren der Welt gehen und ihr Herr kommt.

Diese zentrale Programmatik der Johannesapokalypse, die Frage, zu welchem Herrn die christliche Gemeinde gehört, ist lange Zeit in diesem letzten Buch der Bibel kaum wahrgenommen worden. Die Flut schwer deutbarer Bilder und endzeitlicher Visionen hat die Apokalypse des Johannes für spätere Generationen zu einem »Buch mit sieben Siegeln« gemacht. Martin Luther, für den der geistliche Gehalt einer biblischen Schrift danach zu beurteilen war, ob sie Christus verkündigt, hat die Apokalypse nicht sonderlich geschätzt. Dabei ist Christus, der Messias, das eigentliche Thema dieser Schrift – nur ist das auf den ersten Blick kaum zu erkennen. An keiner Stelle wird direkt von Jesus, dem Messias, geredet, und doch ist sein Leben und Sterben, sein Erscheinen und seine Wiederkehr die heimliche Mitte der Johannesapokalypse.

Weil der christozentrische Charakter der Johannesapokalypse lange Zeit im Dunkeln geblieben ist, ist sie von der kirchlichen Verkündigung wenig beachtet worden. Umso wichtiger wurde sie für christliche Randgruppen, für apokalyptisch gesinnte Gemeinschaften innerhalb und außerhalb der großen Kirchen. Endzeitlich ausgerichtete Sekten wie die »Zeugen Jehovas« oder Neuerscheinungen wie die Gemeinde vom »Universellen Leben« begründen mit der Johannesapokalypse die Kritik an der »Verweltlichung« der Großkirchen, das Selbstverständnis der eigenen Gruppe als Gemeinschaft der »einzig wahren Christen« und schließlich die Erwartung des Weltendes, bei dem das große Gericht über die sündige Welt hereinbricht, aus dem nur sie, die einzig Frommen, unbeschadet hervorgehen. In radikalisierter Form wurde diese Endzeitvision von einem rechtsgerichteten religiösen Fundamentalismus übernommen, der den atomaren Endkampf gegen das »Reich des Bösen« mit der »Schlacht von Armageddon« gleichsetzt, bei der in der Apokalypse des Johannes die widergöttlichen Mächte endgültig vernichtet werden.

Diese und viele andere apokalyptische Gewaltphantasien machen deutlich, wie sehr das geheimnisvolle letzte Buch der Bibel in gefährlicher Weise missverstanden werden kann. Der Missbrauch der Apokalypse für aggressive fundamentalistische Positionen ebenso wie für esoterische Geheimlehren und spekulative Weltuntergangsszenarien fordert dazu heraus, den Text zu entschlüsseln, das Buch mit den sieben Siegeln zu öffnen, seinen Sinn zu erhellen und es nicht länger denen zu überlassen, die es als dunkle Geheimlehre für Eingeweihte und als Anweisung für ausgrenzende Geheimbündelei in Besitz genommen haben. Schließlich hat der Begriff Apokalypse nichts mit Esoterik und auch nichts mit Endzeit, Chaos und Zusammenbruch zu tun. Apokalypse bedeutet im Wortsinn: Enthüllung, Offenbarung. Was aber soll enthüllt werden?

Entgegen der allgemeinen Vorstellung und Erwartung enthüllt die Apokalypse nicht die Zukunft, sondern die Gegenwart. So wie die biblischen Propheten, in deren Tradition der Apokalyptiker steht, spricht Johannes von der Zukunft nur als dem Ergebnis der Gegenwart, die er mit scharfem Blick betrachtet und schonungslos kritisiert. Mit Bildern, die seinen Adressaten aus jüdischen apokalyptischen Schriften wie dem Buch Daniel bekannt sind, entwirft er das Bild einer Welt, die in Gottvergessenheit und Allmachtswahn dem Untergang entgegengeht, bis am Ende die Hoffnungsvision von einem neuen Himmel und einer neuen Erde aufleuchtet. Bis dahin regiert die Gewalt; die »apokalyptischen Reiter« sind keine Zukunftsgestalten. Sie repräsentieren die gegenwärtigen Schrecken, die immer neu erfahrene und erlittene Gewaltgeschichte. Wie die Propheten sind die Apokalyptiker keine Kaffeesatzleser, sondern Gesellschaftsanalytiker. Sie legen den wahren Zustand der Welt hinter den Verschleierungsmanövern der herrschenden Ideologien bloß. Diese kritische Analyse der gesellschaftlichen Verhältnisse führt dann aber auch zu der prophetischen Prognose, dass die Gewaltgeschichte, die schon unzählige Opfer gefordert hat, die Logik des Untergangs in sich trägt, und dass jede Macht, die sich selbst gewaltsam absolut setzt, an ihren eigenen Widersprüchen zugrunde gehen wird.

Ist die Johannesapokalypse also doch ein Welt und Menschen verachtendes Werk, das die Vernichtung aller Gottlosen heraufbeschwört? Die Gefahr solcher Missdeutung liegt nahe, wenn man den Produktionskontext des apokalyptischen Schrifttums außer Acht lässt. Gerade bei der Johannesapokalypse wird deutlich, wie gefährlich ein biblischer Text werden kann, wenn man nicht historisch-kritisch nach seinem »Sitz im Leben« fragt. Erst wenn der konkrete historische Kontext, die Lebenswirklichkeit des Apokalyptikers und seiner Adressaten erhellt wird, kann der Charakter und die Intention der apokalyptischen Schriften zutreffend verstanden werden. Von einer solchen Kontextanalyse her muss die Apokalypse des Johannes grundsätzlich neu gedeutet werden: als Untergrund- und Widerstandsliteratur, die sich einer verschlüsselten Bildersprache bedient. Den Adressaten ist sie verständlich; den Gegnern und Zensoren aber soll die Offenbarung ein Buch mit sieben Siegeln bleiben. Wer aber sind die Adressaten, wer die Gegner? Und wer kann die Zeichen deuten?

An keiner Stelle taucht die Macht, die der Apokalyptiker Johannes vernichtend kritisiert, mit ihrem wahren Namen auf. Sie verbirgt sich hinter der Chiffre »Babylon«, die schon im Danielbuch zur Beschreibung einer gottlosen und Menschen verachtenden Macht benutzt worden ist. Gemeint ist mit »Babylon« das Imperium Romanum, das von den Menschen, an die sich Johannes mit seinem Trostbuch wendet, keineswegs als Garant des Friedens und des Fortschritts wahrgenommen wird, sondern als das Leben bedrohende und vernichtende »Tier aus dem Abgrund« (Apk 13). Hinter dieser Wahrnehmung steht die Erfahrung, dass die großen politischen, wirtschaftlichen und kulturellen Errungenschaften der Weltmacht Rom bezahlt worden sind mit dem Blut und dem Schweiß der Besiegten und Versklavten und ermöglicht worden sind durch die Ausbeutung der eroberten Provinzen, durch den Frondienst der Fremdarbeiter und durch die Steuern der kleinen Leute. In dieser Perspektive von unten erweist sich das von den Ideologen des römischen Imperiums gepriesene »goldene« eher als das »eiserne Zeitalter«. Und über die Zeit, in der die Johannesapokalypse entsteht, schreibt der in Ungnade gefallene römische Schriftsteller Juvenal: »Ein Zeitalter ist es, schlimmer als das Eiserne, für dessen Verderbtheit selbst die Natur keinen Namen findet und kein Metall, um es zu benennen.«[107]

Für die mehrheitlich am gesellschaftlichen Rand angesiedelten christlichen Gemeinden des ausgehenden ersten Jahrhunderts ist »Babylon«/»Rom« die Metropole, das Machtzentrum, dessen Größe und Reichtum mit der Ausbeutung und Verarmung der Peripherie erkauft wird. Diese Sicht findet eine eindrucksvolle Bestätigung in der Rede des Britanniers Calgacus, die von Tacitus zitiert wird. Calgacus kennzeichnet die Gefährlichkeit der Römer, »deren Überheblichkeit man vergeblich durch Unterwürfigkeit und loyales Verhalten zu entgehen meint. Diese Räuber der Welt durchwühlen, nachdem sich ihren Verwüstungen kein Land mehr bietet, selbst das Meer; wenn der Feind reich ist, sind sie habgierig, wenn er arm ist, ruhmsüchtig; nicht der Orient, nicht der Okzident hat sie gesättigt; als einzige von allen begehren sie Reichtum und Armut in gleicher Gier. Plündern, Morden, Rauben nennen sie mit falschem Namen Herrschaft (imperium), und wo sie eine Öde schaffen, heißen sie es Frieden.«[108]

Es ist offensichtlich wichtig, aus welcher Perspektive die Welt wahrgenommen wird. Calgacus und die Verfasser christlicher und jüdischer Apokalypsen leben an den Rändern des römischen Reiches und erfahren dort seine ungeheure Gewalttätigkeit. Die Ideologen Roms, die vom »goldenen Zeitalter« schwärmen, sind im Zentrum der Macht angesiedelt, sie sind nicht Opfer der Gewalt, sondern profitieren von ihr. Entsprechend fallen ihre Huldigungen an den aus, der in der römischen Kaiserideologie das römische Weltreich personifiziert, den Princeps, den Kaiser in Rom. Er ist, wie Aristides sagt, »der große Herrscher und Lenker von allem«, der Inbegriff des Reiches, ihm sind »Völker, Sprachen und Nationen« unterstellt. Diese Machtfülle wird noch unterstrichen durch den Kaiserkult, in dem der Kaiser als göttlicher Sohn und Retter der Welt gefeiert wird. Darin jedoch sieht der Apokalyptiker das eigentlich Böse: dass sich die Repräsentanten Roms als göttliche Wesen verehren lassen, dass sie nicht nur Länder erobern und Steuern eintreiben, sondern auch die Herzen und Gewissen ihrer Untertanen ihrem Willen unterwerfen wollen. Der zur Zeit des Johannes regierende Kaiser Domitian treibt diesen sich selbst absolut setzenden Machtanspruch auf die Spitze, indem er sich als Gott bezeichnen und verehren lässt. Unter Domitian wird die Teilnahme am Kaiserkult zum Nachweis staatsbürgerlicher Loyalität erklärt. Wer sich verweigert, wird als Staatsfeind mit dem Entzug des Besitzes, Gefängnis, Verbannung und Tod bedroht. In dieser Situation entsteht die Johannesapokalypse als Trost- und Mahnbuch für die verfolgte Gemeinde.

Dabei ist der Konflikt, um den es in dieser Schrift geht, nicht neu. So wie die Christen haben auch die Juden immer schon den Allmachtsansprüchen weltlicher Herrscher Widerstand entgegen gesetzt. Das Buch Daniel setzt sich in der Mitte des zweiten vorchristlichen Jahrhunderts unter der hellenistischen Seleukidenherrschaft mit dem gleichen Problem auseinander. Unter dem Druck der Zwangshellenisierung fordert der jüdische Apokalyptiker dazu auf, dem Glauben an den Gott Israels und damit der eigenen Identität treu zu bleiben. Der Verfasser der Johannesapokalypse übernimmt aus diesem Buch bereits die wichtigsten Bilder und Begriffe: die Chiffre »Babylon«, die Metapher von den gewalttätigen »großen Tieren« und die Hoffnung auf das Ende ihrer Macht durch das Erscheinen eines von Gott gesandten »Menschensohns«.

Doch der Apokalyptiker des zweiten Testamentes hat gegenüber dem Verfasser der Danielapokalypse ein zusätzliches Problem. Er ist ja, anders als die jüdischen Apokalyptiker, der Überzeugung, dass mit Jesus von Nazareth der Menschensohn, der von Gott gesandte Messias, schon gekommen ist – doch die Macht der »großen Tiere« scheint ungebrochen zu sein. Sollte das Bekenntnis zu dem anderen Herrn, dem Messias Jesus, ein großer Irrtum sein? Sind die Märtyrer der christlichen Gemeinde umsonst gestorben?

Angesichts dieser bedrängenden Fragen schreibt der Apokalyptiker Johannes gegen eine äußere und eine innere Bedrohung der christlichen Gemeinde gleichermaßen an. Zweifellos gefährdet die Domitianische Verfolgung den Bestand der jungen Kirche im römischen Weltreich. Nicht minder existenzgefährdend wirkt sich jedoch die innere Krise des christlichen Glaubens auf die Gemeinden am Ende des ersten Jahrhunderts aus. Die erste Krise, den gewaltsamen Tod Jesu, hatte die Jesusbewegung im Glauben an die Auferstehung und die baldige Wiederkunft des Messias überstanden. Nun aber bleibt der Messias aus, und die alten Mächte sind weiterhin unbesiegt. Sie drohen mit Gewalt und locken gleichzeitig mit den glänzenden Fassaden und Verführungen der Megakulturen. Gegen das siegreiche Imperium und seine Götzen scheint der Glaube an den gekreuzigten Messias keinen Bestand haben zu können.

Gegen die drohende Resignation, aber auch gegen die Gefahr von Anpassung und opportunistischer Kompromissbereitschaft setzt der Apokalyptiker eine kühne Vision: Nur eine kurze Zeit noch wehren sich die widergöttlichen Mächte gegen den Sieg des »Lammes, das geschlachtet wurde«, gegen den Triumph des in seiner Niedrigkeit siegreichen Gottesknechts.

Für diejenigen, die schon »im Lebensbuch des Lammes verzeichnet« sind, kommt nun alles darauf an, diese letzte Prüfung der Verfolgung zu bestehen. Die Gedemütigten werden am Ende die Sieger sein, wenn Gott der Gewaltgeschichte ein Ende machen wird.

Damit ist die zentrale Botschaft der Johannesapokalypse umrissen. Ihr dienen die Bilder vom Zerfall der alten Weltordnung ebenso wie die Visionen vom himmlischen Hofstaat des »Lammes«, die den Symbolen der römischen Kaiserideologie entgegen gesetzt werden. Auch um den Thron des ermordeten und erhöhten Messias versammeln sich »Völker, Sprachen und Nationen«, und zwar nicht erst in ferner, jenseitiger Zukunft. Diese Wirklichkeit existiert bereits, und sie erschließt sich dem Blick des Glaubens, der hinter der dunklen Realität der Fakten die bereits angebrochene neue messianische Welt wahrnehmen kann. Dieser neuen Welt und Wirklichkeit sind die Zahlen der Vollkommenheit und des Guten zugeordnet: die Zahlen sieben und zwölf, zusammengesetzt aus der Zahl drei für Gott und vier für die Welt. Ihre Halbierung in die Zahl sechs und dreieinhalb ergibt die Zahlen des Bösen und der Unvollkommenheit. Nur noch eine begrenzte und böse Zeit lang, nur noch zweiundvierzig Monate werden die Heiligen verfolgt, schreibt Johannes, dann werden sie alle, zwölftausend aus dem alten und zwölftausend aus dem neu hinzugekommenen Volk Gottes aus allen Völkern in den weißen Gewändern der Märtyrer aus ihrer Bedrängnis kommen und von ihrem wahren Herrn aufgenommen und getröstet werden.

Doch bevor es soweit ist, fahren die widergöttlichen Mächte, symbolisiert durch den Drachen, noch einmal alle Mittel auf, um den endgültigen Sieg des Lammes zu verhindern. Nach der Überzeugung des Johannes werden dabei das römische Imperium und sein kaiserlicher Repräsentant zum dämonischen Widerpart Gottes und seines messianischen Gesandten.

Anders als der Apostel Paulus, der in seinem Brief an die Gemeinde in Rom die staatliche Ordnung als von Gott eingesetzte Obrigkeit bezeichnet, erlebt der Apokalyptiker Johannes den römischen Staat als Agentur des Satans, der in einer teuflischen Trinität funktioniert: Der Drache/Satan überträgt seine Macht dem »Tier aus dem Abgrund«, dem römischen Kaiser, und dessen Macht wird propagiert und legitimiert durch das »andere Tier«, den Lügenpropheten, den Ideologen der römischen Kaisermacht. Von diesem »Tier« heißt es, es habe »Hörner wie ein Lamm, aber es redete wie ein Drache ... Und es wurde ihm Macht gegeben, dem Standbild des (ersten) Tieres Lebensgeist zu verleihen, so dass es auch sprechen konnte und bewirkte, dass alle getötet wurden, die das Standbild des Tieres nicht anbeteten. Die Kleinen und die Großen, die Reichen und die Armen, die Freien und die Sklaven, alle zwang es, auf ihrer rechten Hand oder ihrer Stirn ein Kennzeichen anzubringen. Kaufen oder verkaufen konnte nur, wer das Kennzeichen trug: den Namen des Tieres oder die Zahl seines Namens. Hier braucht man Kenntnis. Wer Verstand hat, berechne den Zahlenwert des Tieres. Denn es ist die Zahl eines Menschennamens; seine Zahl ist sechshundertsechsundsechzig.« (Apk 13,11.15-18)

Die Zahl 666 hat zu unzähligen Spekulationen angeregt. In Verbindung mit dem System der hebräischen Zahlenmystik ergibt sie unzweifelhaft einen Namen: Neron Kesar, Kaiser Nero, von dem das erste blutige Pogrom gegen die Christen in Rom ausging. In Domitian sah die Christenheit den »Nero redivivus«, den ins Leben zurückgekehrten Tyrannen. Doch scheint die Zahl 666 noch Grundsätzlicheres zu symbolisieren. Dreimal die sechs, die Hälfte von zwölf – das ist das absolut Böse. Es ist die dämonische Trinität des Imperium Romanum und aller totalitärer Herrschaft: der Satan, die totale Staatsmacht und ihre Ideologie. Diese trügerische Nachahmung der göttlichen Trinität bildet den unversöhnlichen Gegensatz zu Gott, seinem Gesandten und seiner Botschaft.

Der dämonischen, weil sich absolut setzenden Macht des römischen Imperiums die Anerkennung und die Legitimation zu entziehen, das Kaiseropfer zu verweigern, ist ein für Christen und Juden gebotener Akt des Widerstands gewesen. Aber es geht dabei nicht nur um Glaubensbekenntnis und Glaubenstreue. Die Verweigerung dem Gesamtsystem gegenüber hat auch eine politische und ökonomische Dimension. Deshalb drohen bei der Verweigerung des Kaiseropfers tödliche Folgen. »Dem Scharfsinn des Johannes ist es nicht entgangen, dass solch blutige Sanktionen für ideologische Abweichungen ihren tiefen ökonomischen ›Sinn‹ haben: Jeder, der sich weigert, das Tier anzubeten, ist vom Wirtschaftsleben ausgeschlossen, umgekehrt: Dieses Wirtschaftsleben funktioniert nur, wenn das Tier anerkannt wird, bzw. noch präziser: Gewinn und Profit sind die Grundinteressen der Machthaber, nicht der Weihrauch vor ihren maskenhaften Gesichtern; dieser ist nur der willkommene Nebel, hinter dem man in Ruhe seinen Geschäften nachgehen kann ... Die Untertanen Domitians sind täglich der überall ausgestreuten kaiserlichen Propaganda ausgesetzt, die das Lob des Gewaltherrschers singt, in Wirklichkeit aber nur die Macht des Geldes, des Herrn über die Zahlen, durchsetzt.«[109] Dieser Macht und ihrer leidvoll erfahrenen Wirklichkeit setzt Johannes eine messianische Gegenwelt entgegen. In der Proklamation einer die Gewalt überwindenden Gegenwirklichkeit entfaltet seine apokalyptische Schrift ihre widerständische Kraft.

Am Ende dieser enthüllenden Geschichtsschau ist es soweit: Babylon/Rom ist gefallen. Klagen können darüber nur diejenigen, die von Rom, der »Hure Babylon« profitiert haben: »Die Könige der Erde, die mit ihr gehurt und in Luxus gelebt haben, werden über sie weinen und klagen ... Auch die Kaufleute der

Erde weinen und klagen um sie, weil niemand mehr ihre Ware kauft: Gold und Silber, Edelsteine und Perlen, feines Leinen, Purpur, Seide und Scharlach, wohlriechende Hölzer aller Art und alle möglichen Geräte aus Elfenbein, kostbarem Edelholz, Bronze, Eisen und Marmor; auch Zimt und Balsam, Räucherwerk, Salböl und Weihrauch, Wein und Öl, feinstes Mehl und Weizen, Rinder und Schafe, Pferde und Wagen und sogar Menschen mit Leib und Seele ... Alle Kapitäne und Schiffsreisenden, die Matrosen und alle, die ihren Unterhalt auf See verdienen, machten schon in der Ferne halt, als sie den Rauch der brennenden Stadt sahen, und sie riefen: Wer konnte sich mit der großen Stadt messen? Und sie streuten sich Staub auf den Kopf, sie schrieen, weinten und klagten: Wehe! Wehe du große Stadt, die mit ihren Schätzen alle reich gemacht hat, die Schiffe auf dem Meer haben. In einer einzigen Stunde ist sie verwüstet worden.« (Apk 18,9.11-19) Diese Klage kommt ohne verhüllende Bilder aus. Ein einziges Mal verzichtet der Apokalyptiker auf die sonst allgegenwärtige Symbolsprache. Die Ökonomie, die schließlich doch hinter allem steckt, zeigt sich hier völlig unverhüllt. Rom wird schließlich erkannt und entlarvt als Wirtschaftsimperium, in dem der »Terror der Ökonomie« die Geschichte und Geschicke der Menschen bestimmt.

Die Gegenwelt zu Babylon/Rom ist Jerusalem, die neue Stadt. Sie ist nicht in den Himmel entrückt, sondern Gottes Wohnung unter den Menschen. »Er wird in ihrer Mitte wohnen, und sie werden sein Volk sein; und er, Gott, wird bei ihnen sein. Er wird alle Tränen von ihren Augen abwischen: Der Tod wird nicht mehr sein, keine Trauer, keine Klage, keine Mühsal. Denn was früher war, ist vergangen. Er, der auf dem Thron sitzt, spricht: Seht, ich mache alles neu.«(Apk 21,3-5) Gold und Edelsteine werden zu Stadttoren und Bürgersteigen. Das Meer, der Sitz des widergöttlichen Drachen, aber auch der Herkunftsort Verderben bringender Militär- und

Handelsflotten, ist verschwunden. Die dämonischen Mächte, die Strukturen der Ungerechtigkeit, sind gänzlich vernichtet. Diese Endkampfvisionen sind noch einmal von verstörender Gewalttätigkeit. Dahinter steht jedoch die Erfahrung, dass totalitäre Machtsysteme restlos zerschlagen werden müssen, wenn etwas Neues entstehen soll. Ohne das Gericht über die Gewaltgeschichte gäbe es kein Ende ihrer Schrecken, wäre die neue Schöpfung, der neue Himmel und die neue Erde nicht möglich. Wenn es aber soweit ist, gibt es nicht nur das Heil für die Frommen. Wenn der neue Himmel und die neue Erde da sind, werden alle Tränen getrocknet, und die Bewohner der Stadt Gottes werden nicht nach Stand, Nation, Rasse oder Religionszugehörigkeit sortiert.

Es ist bis zuletzt die Perspektive der Ausgegrenzten, der Machtlosen und Leidenden, die in der Apokalypse des Johannes die Sicht der Welt und die Hoffnung auf eine neue Zukunft bestimmt. Wer sich im gesellschaftlichen Status quo eingerichtet und in den politischen Machtzentren etabliert hat, wird die Ankunft des Messias und die neue Welt Gottes nicht so sehnlich erwarten wie die Gemeinde des Apokalyptikers, der sein Widerstands- und Trostbuch mit dem Ruf »Maranatha!« schließt: »Amen, ja, komm, Herr Jesus!«

Kontexte

das reich der himmel

gustav heinemann:
die herren der welt kommen und gehen –
unser herr kommt

der himmel der ist
ist nicht
der himmel der kommt
wenn
himmel und erde
vergehen

der himmel kommt
ist
das kommen des herrn
wenn
die herren der erde
gegangen

Kurt Marti
Aus: Kurt Marti, geduld und revolte. die gedichte am rand, © 2011 by Radius-Verlag, Stuttgart.

✶

Wir haben euch nie geliebt,
ihr goldenen Herrscher.
Euer Name allein schon
schrickt die Tauben vom Hof.
Wir feiern die Tage,
an denen der Tod euch befiel.
Eure Drohungen zerflattern.
Die Wälle zerschmeißt der Wind.
Das bisschen Legende vergessen wir bald,
wir, Kinder mühloser Freuden.
Wir leben weiter und mit uns,
die wir mehr liebten als euch.
Seht, Herrscher von Babel bis heute,
eure Siege waren vorübergehende nur.

Arno Reinfrank
Aus: Arno Reinfrank, Vorübergehende Siege. Gedichte, Steinkopf Verlag, 1963, S. 32, © Jeanette Koch.

✶

Wo Liebe, Glaube und Hoffnung ist, da ist wohl auch Religion. An diese Zukunft glauben sie alle, diese Sterbenden; sie können nicht anders als glauben, dass ihr Opfertod die Zukunft segensreich befruchten muss, dass sie dafür so früh ins Grab sinken. Das kehrt immer wieder, und das Herz zieht sich zusammen bei dem Gedanken, was aus dem Sieg der Zukunft, aus dem Glauben, der Hoffnung dieser Jugend geworden ist, und in welcher Welt wir leben ... Umsonst also, vom Leben übergangen und verworfen der Glaube, die Hoffnung, die Opferwilligkeit einer europäischen Jugend, die den schönen Namen der Résistance trug, des internationalen, einmütigen Widerstands gegen die Entehrung ihrer Länder, die aber mehr wollte als nur widerstehen, sich als Vorkämpfer fühlte einer besseren menschlichen Gesellschaft. Umsonst?
Zuschanden geworden ihr Traum und Tod?
Es kann so nicht sein.

Thomas Mann
Thomas Mann, Vorwort zur deutschen Ausgabe der »Briefe zum Tode Verurteilter aus dem europäischen Widerstand«, 1955.

»Amazing grace«

Von der Umkehr, der Nachfolge und der Gnade

> Amazing grace
> How sweet the sound
> That saved a wretch like me
> Once I was lost
> But now I'm found
> Was blind but now I see

Mit der Gnade soll am Ende über ein Glaubensgefühl nachgedacht werden, das mit sehr hoher Ambivalenz beladen ist. Eines der schönsten und ergreifendsten Lieder, das »Amazing grace«, singt von der überwältigenden, wunderbaren Gnade, die die Sünder rettet, die Verlorenen findet, die Blinden sehend macht. Streiter(innen) für Menschenrechte, für Emanzipation und Befreiung von Frauen und anderen Menschen haben zu so einer steilen Sünden- und Gnadenaussage ein eher kritisches Verhältnis. Daher soll die uns allzu vertraute Vorstellung von der Gnade, die den Sünder rettet, aus biblisch-theologischer und historischer Sicht kritisch bedacht werden, denn: »Amazing grace«, wirklich rettend und befreiend ist die Gnade, von der die Bibel redet, nur dann, wenn sie nicht von dem Ruf zur Umkehr und von der Einladung in die Nachfolge Jesu getrennt wird. Damit ist deutlich, dass sie nichts mit einer Theologie zu tun hat, die die biblische Rede von Sünde und Gnade als anthropologische Grunddaten missversteht und die Botschaft von Gottes Gnade erst dann bereithält, wenn sie zuvor den Menschen ein ordentliches Sündenbewusstsein verpasst hat, und alle Bewegungen für Gerechtigkeit, Emanzipation und Befreiung nicht nur für sinnlos hält, sondern zur eigentlichen Sünde erklärt. Ihr könnt weder euch selber noch die Welt ändern, sagt diese Theologie, die Vorschläge, die die Bibel selbst dazu macht, das Gesetz, das die hebräische Bibel viel schöner Tora, Wegweisung Gottes nennt, ist nur dazu da, euch eure Sündhaftigkeit vor Augen zu führen und euch für die Gnade bereit zu machen, die euch durch Christi Blut und Gerechtigkeit gewährt wird. Wer mit dieser Theologie aufwächst, muss erst einmal mühsam Respekt vor sich selber und Vertrauen in die eigenen Möglichkeiten lernen. Der Ruf zur Umkehr und in die Nachfolge setzt einen ganz anderen Akzent: das Vertrauen in die Fähigkeit der Menschen, umzukehren, sich selbst zu ändern und die Welt neu zu gestalten. Von der Sünde redet die Bibel auch, aber immer sehr konkret: von Egoismus und Gewalt, von Ungerechtigkeit und Hartherzigkeit, von der Herrschaft von Menschen über Menschen, wenn sie »wie Gott« sein wollen. Und sie sagt, dass dies aufhören wird, wenn der Messias kommt und die Herrschaft Gottes wieder aufrichtet, unter der die ganze Schöpfung wieder heilwerden soll.

Wird dieser biblische Aspekt vergessen, ist die Predigt von der Gnade gerade noch für ein beruhigendes Gefühl gut: Wenn wir ohnehin Sünder sind allzumal, dann können wir es auch bleiben. Und wenn die Welt ohnehin nicht zu ändern ist, dann muss sie hingenommen werden. So wird die Gnadenpredigt zum wohlfeilen Beruhigungsmittel: für die einen, dass sie die Welt nicht ändern *müssen,* für die anderen, dass sie die Welt nicht ändern *dürfen.*

Gnade ohne Umkehr und Nachfolge ist billige Gnade, sagt Dietrich Bonhoeffer. Im Jahre 1937 schreibt er seiner Kirche, die die Gnade predigt und die Gnadenlosigkeit des Dritten Reiches mit der Sündhaftigkeit der Welt erklärt und toleriert, in seinem Buch »Nachfolge« diese Sätze ins Stammbuch: »Billige Gnade ist der Todfeind unserer Kirche ... In dieser Kirche findet die Welt billige Bedeckung ihrer Sünden, die sie nicht bereut und von denen frei zu werden sie erst recht nicht wünscht.« Trifft diese Kritik nicht haargenau auch auf das wunderbare »Amazing grace« zu, das so zu Herzen geht, aber dann doch nichts weiter hinterlässt als das gute Gefühl, dass alle Taten und Untaten, die dem eigenen Verfallensein an die Sündhaftigkeit der Welt geschuldet sind, durch die Gnade Gottes und die Erlösung durch Christi Blut ihre Rechtfertigung finden? Unvergessen ist die Szene, die den frommen amerikanischen Präsidenten George W. Bush zeigt, der beim Gottesdienst zum Beginn des Irakkrieges »Amazing grace« singt, unter Tränen der Rührung, und der dann wenige Stunden später im martialischen Kampfanzug und mit gnadenloser Kriegsrhetorik auf dem Flugzeugträger der US-Armee erscheint und die Bomben nach Bagdad losschickt. Und ist nicht das Lied selbst ein Ausdruck dieses Widerspruchs zwischen Herzensfrömmigkeit nach innen und der Anpassung an eine Welt der Gewalt nach außen? Niemand anders nämlich als John Newton, der Kapitän eines Sklavenschiffes, hat dieses Lied gedichtet – Sklavenhandel, Gewalt, Eroberung von Land, Vernichtung indigener Kulturen, der Terror der Ökonomie, die eigene Verstrickung in die Gewaltgeschichte, sollte das gutgemacht werden können durch die rettende Gnade, damit man all das guten Gewissens weiter betreiben kann? »Billige Gnade ist die Gnade, die wir mit uns selbst haben«, schreibt Dietrich Bonhoeffer. Sie ist nicht nur das Opium machtbewusster christlicher Politiker, sondern auch einer Kirche, die, wenn sie sich selber in den Strukturen politischer und wirtschaftlicher Macht eingerichtet hat, in ihnen, ihrer Gnadenpredigt zum Trotz, oft ebenso ungnädig agiert hat wie ihre weltlichen Vertreter.

Die Aussöhnung mit »Amazing grace« kam spät, als Floys, eine schwarze Sängerin, das Lied für Philip Potter, den ersten Generalsekretär des Ökumenischen Rates der Kirchen aus einem Land der Dritten Welt, zu seinem 90. Geburtstag sang und uns belehrte, dass John Newton nicht Kapitän eines Sklavenschiffes geblieben sei. Er habe am Ende die Seiten gewechselt und sich der Bewegung für die Sklavenbefreiung angeschlossen. Deshalb sei »Amazing grace« eben auch das Lied der schwarzen Gemeinden, der Bürgerrechtsbewegung und der Friedensaktivisten geworden.

Am 10. Mai 1748 geriet das Schiff des Kapitän Newton mit seiner Ladung in einen schweren Sturm; als Dank für die Rettung aus höchster Not verfasste er das Lied von der wunderbaren Gnade, die nicht nur den Sünder errettet, sondern ihn auch durch alle Gefahren nach Hause bringt: »It's grace, that brought me safe thus far, and grace will lead me home.« Seine später dokumentierte Lebensgeschichte zeigt indes, dass dieser Text nicht nur die sichere Rückkehr nach Hause meinte, sondern weit darüber hinaus die Rückkehr in eine größere Heimat, eine Umkehr zu Gott und seinem Reich der Gerechtigkeit und des Friedens, die ihm ein neues Lebensziel und einen neuen Lebenssinn eröffnete. Es begann damit, dass er die Sklaven, die für ihn bis dahin nicht mehr als eine Ladung Ware waren – führende Theologen seiner Zeit sprachen ihnen bekanntlich den Besitz einer Seele ab –, als Mitmenschen zu betrachten begann. Entscheidend war dabei sicher auch die unmittelbare Erfahrung der gemeinsam erlebten Notsituation und die Erkenntnis, wie ähnlich wir Menschen uns werden, wenn es um die Bitternis der Todesnot geht und um die Hoffnung auf Leben und Überleben: Da gibt es am Ende nur noch die gleiche Verzweiflung und die gleiche Sehnsucht und die gemeinsame Bitte um Rettung und Bewahrung. Vielleicht war es die existenzielle Erfahrung dieser Gleichheit, die den Kapitän des Sklavenschiffes, den Profiteur des Sklavenhandels, in die Reihen der ersten großen Befreiungsbewegung der Vereinigten Staaten führte, die sich in ihrer Unabhängigkeitserklärung doch schließlich berufen hatten auf die biblische Überzeugung, dass alle Menschen gleich geschaffen und von ihrem Schöpfer mit unveräußerlichen Rechten ausgestattet wurden: mit dem Recht auf Freiheit, auf Gleichheit und dem Streben nach Glück.

Es geht also in »Amazing grace« gar nicht um die Rechtfertigung des Sünders in seiner unaufhebbaren Sündenverstrickung, sondern gerade umgekehrt: um das Wunder der Umkehr, um die Lösung aus dieser Verstrickung in die individuelle wie die strukturelle Sünde. Eine solche Bekehrung führt nicht nur zu einer persönlichen Befreiung, sondern auch in die politische Aktion, in den Widerstand gegen die Gewaltgeschichte. Nicht nur ein neues *Leben*, sondern eine andere *Welt* ist möglich! Diese Dimension wird freilich erst ersichtlich, wenn man den Text in seinem *Produktionskontext* betrachtet. Geht man allein von den religiösen und theologischen Begriffen aus, liegt die Versuchung nahe, die Gnade von der Umkehr und der Nachfolge zu trennen, die billige Gnade zu besingen – »weil Gnade doch alles allein tut, darum kann alles beim Alten bleiben«, wie Dietrich Bonhoeffer klagte. Stattdessen wird in der Geschichte des Liedes deutlich: Umkehr selber *ist* Gnade, nicht gesetzliche Forderung. Dass Umkehr möglich ist, ist die lebens- und weltverändernde Gnadenbotschaft, die »Amazing grace«, die nichts beim Alten lässt, weil sie in die Nachfolge des Messias Jesus ruft. In ihr entfaltet sich die »Umkehr« (Metanoia), die in den synoptischen Evangelien zum eigentlichen Zentralbegriff wird und damit einen Grundpfeiler jüdischen Glaubens weiter denkt – die »Teshuwa«, die durch Gottes Gnade immer neu eröffnete Möglichkeit der Umkehr, die Dorothee Sölle bezeichnet hat als »das Recht, ein anderer zu werden«.

»Die Zeit ist erfüllt, das Reich Gottes ist angebrochen. Kehrt um und glaubt dieses Evangelium.« (Mk 1,14f.). In dem nach heutigem Forschungsstand ältesten Evangelium nach Markus ist dies die Aussage, mit der das öffentliche Wirken Jesu beginnt. Was Martin Luther mit »Tut Buße« übersetzt, bedeutet im griechischen Text nichts anderes als die Aufforderung zur Umkehr, zur Richtungsänderung: Ihr könnt und ihr dürft anders leben, weil die Welt mit dem Erscheinen Jesu nicht mehr die gleiche ist. Wenn mit Jesus von Nazareth wirklich der Messias gekommen ist, dann hat mitten in der alten Welt etwas Neues begonnen: die Herrschaft Gottes, das von Israel ersehnte und von seinen Propheten verkündete Reich des Schalom, des großen Friedens, der auf Recht und Gerechtigkeit beruht. Diesen Schalom zu bringen, für Israel und für alle Welt, ist nach biblischer Tradition die Mission des endzeitlichen Gesalbten Gottes, des Messias, den die griechischen Christen Christos nennen. Sie werden sehr bald ein erstes Bekenntnis formulieren und das uns bis heute vertraute Symbol des Fisches (griechisch: Ichthys) dazu benutzen. Dessen griechische Anfangsbuchstaben bedeuten: Iesous Christos Theou Yios Soter – Jesus ist der Gesalbte, der Sohn Gottes, der Retter. Und weil die Leute um Markus in diesem Glauben und aus diesem Bekenntnis lebten, beginnt Markus seine Schrift mit den Worten: »Dies ist das Evangelium von Jesus, dem Herrn, dem Sohn Gottes.« (Mk 1,1)

Sehr vertraut sind uns diese Begriffe, allen voran der Begriff Evangelium, den wir zu kennen meinen – als die frohe Botschaft von der Gnade Gottes, die den Sünder rettet. Das ist ja nicht verkehrt, es erfasst aber nicht die eigentliche Bedeutung, und vor allem nicht die politische Dimension, die dieses Wort ursprünglich beinhaltete. Unsere Mütter und Väter im Glauben meinten und hörten mit diesem Wort etwas anderes als wir heute. »Evangelium« (euangelion) ist zu ihrer Zeit nicht irgendeine frohe Botschaft, sondern die Botschaft vom Sieg des römischen Kaisers und seiner Armee, die pausenlos irgendwo im Einsatz war – zur Erweiterung und Sicherung des römischen Reiches, des Imperium Romanum. Und in der Zeit, in der die Endfassung des Markusevangeliums entstand, im

Jahr 70 n. Chr., hatten die Machthaber in Rom ein besonderes Evangelium zu verkünden: den Sieg über die aufständischen Judäer nach dem vierjährigen jüdischen Krieg, die endgültige Zerschlagung dieses rebellischen Israel mit seiner subversiven Hoffnung auf einen Messias, die Zerstörung des Tempels in Jerusalem und damit die Vernichtung seines Gottes. Die Markusgemeinde in Rom wird Zeuge des gewaltigen Triumphzuges, von dem bis heute der Triumphbogen des Titus in Rom kündet: Die heiligen Tempelgeräte werden durch die Straßen Roms getragen, überlebende Gefangene zur Schau gestellt, die Anführer des jüdischen Aufstandes öffentlich hingerichtet. Das Evangelium vom Sieg des Kaisers wird von einer monströsen Machtdemonstration begleitet und vor allem mit der üblichen Liturgie des Kaiserkultes unterlegt: Heil dem Princeps, dem Gesalbten, dem Sohn Gottes, dem Retter! Sie haben richtig gelesen: die »christologischen Hoheitstitel« kommen samt und sonders aus der römischen Kaiserideologie und sind durch zahlreiche liturgische Texte aus dem Kaiserkult belegt. Was also drücken sie aus, die Markusleute, wenn sie das Evangelium von Jesus, dem Messias, dem Christus verkünden? Nichts anderes als dies: Wir verkünden die frohe Botschaft von einem *anderen* Sieg, von einem *anderen* Herrn, der in Wahrheit Gottes Sohn ist und der Retter der Welt: von Jesus, dem von den römischen Machthabern gekreuzigten Künder vom Anbruch der Gottesherrschaft, vom Ende der Menschenmacht über Menschen. Die Schriften des Matthäus und des Lukas werden dieses Evangelium weiterentwickeln und auf unterschiedliche Weise die unmittelbare Verbindung des Sohnes zu dem wahren Gott, dem Vater der Menschen und Schöpfer der Welt betonen. Und Lukas, der Verfasser der Apostelgeschichte, wird in der Welt des Imperium Romanum, in der das Heil der Welt in tausendfachen Huldigungen und der religiösen Verehrung durch das Kaiseropfer vom Imperator erwartet wird, das Bekenntnis zu dem anderen Herrn mit dem Satz zum Ausdruck bringen: »Es ist in keinem anderen Heil, ist auch kein anderer Name unter dem Himmel den Menschen gegeben, darin wir sollen selig werden.« (Apg 4,12) Das ist in der Welt des Imperium Romanum nicht nur ein frommer Satz, sondern eine politische Erklärung: die Aufkündigung der Loyalität gegenüber den Mächtigen und der Ausstieg aus ihrem Gewaltsystem.

Wenn nun mit diesem Evangelium der Ruf zur Umkehr verbunden ist, so ist auch hier eine gesellschaftliche und politische Dimension wahrzunehmen. Der Glaube, dass mit dem Messias Jesus die Herrschaft Gottes und damit das Ende der Menschenmacht über Menschen angebrochen ist, stellt ja auch die vielfältigen sozialen, kulturellen und religiösen Festlegungen in Frage, mit denen sich gesellschaftliche Hierarchien begründen und absichern. Eine neue Gemeinschaft jenseits sozialer, nationaler und kultureller Grenzen entsteht: die »ekklesia«. Auch das ist erst einmal ein politischer Begriff, der ursprünglich die »Bürgerversammlung« bezeichnet. In der griechischen Ruinenstadt Messini in der Nähe der Hafenstadt Kalamata sind die Reste eines Hauses erhalten, das der Versammlung der Bürger gewidmet war, sozusagen ein Treffpunkt für Bürgerinitiativen. Genau das will die Christenversammlung, die sich ekklesia nennt, sein: eine Bürgerinitiative zur Ausbreitung des Reiches Gottes, das in ihnen, den Nachfolgern und Nachfolgerinnen des Messias Jesus, gegenwärtig ist. »Das Reich Gottes ist mitten unter euch«, heißt es im Evangelium des Lukas.

Was haben sie sich erzählt, diese Jesusleute, und wie haben sie gelebt? Die sozialgeschichtliche Exegese versucht heute, die sozialen und lebensweltlichen Zusammenhänge der Texte, die uns überliefert sind, genauer zu erfassen und ihren Produktionskontext deutlicher in den Blick zu nehmen. Dabei wird zunächst eines klar: Die Evangelien sind keine Biographien Jesu – wir haben in dem, was sie von ihm erzählen, nur Widerspiegelungen dessen, was er für die Menschen seiner Zeit, vor allem aber für die von ihm inspirierte messianische Bewegung, aus der die christliche Gemeinde entstanden ist, bedeutet hat. Sie sind nichts anderes als die Freudenbotschaft von dem Sieg des anderen Herrn, mit dem die große Umkehrung aller Verhältnisse beginnt und in ihnen das Recht für jeden Menschen, ein anderer zu werden. Die Jesusgeschichten sind in unterschiedlicher Weise Erzählungen von Veränderung und Neubeginn, von Zuwendung und Ermutigung. Welche Kraft liegt in dem »Steh auf und geh«, und welche Zärtlichkeit in dem »Dir sind deine Sünden vergeben«. Die Ausgegrenzten werden in die Gemeinschaft geholt, die Verachteten stehen auf, und die Letzten werden die Ersten sein. Das, was von Jesus erzählt wird, spiegelt die Hoffnungen und Lebensweisen der messianischen Gemeinden wider, die das, was der Messias Jesus verkündigte, zu leben versuchen, herrschaftsfrei und geschwisterlich. Die römische Gesellschaft ist gekennzeichnet durch den Unterschied zwischen Herren und Knechten, Sklaven und Freien, Frauen und Männern – na und? »Hier ist der Unterschied zwischen Sklaven und Freien, Herren und Knechten, die Ungleichheit von Frauen und Männern aufgehoben – wir alle sind eins in Christus«, schreibt Paulus in seinem Brief an die Galater. Er ist die Stimme aus der ersten Generation christlicher Gemeinden: Aus seinen Briefen erfahren wir, wie schön und wie schwierig es ist, einen neuen Weg zu finden in der alten Welt.

Von den heilenden und befreienden Aktionen des Messias Jesus hat man sich erzählt, vor allem aber von seinem Leiden und Sterben. In den Passionsgeschichten wird ja endgültig deutlich, dass dieser andere Herr nicht ein neuer, ein weiterer Machthaber, sondern umgekehrt, selber ein Opfer der Mächtigen gewesen ist. »Ihr wisst, dass die Herrscher ihre Völker unterdrücken und dass die Mächtigen ihre Macht über die Menschen missbrauchen. Bei euch aber soll es nicht so sein, sondern wer bei euch groß sein will, soll der Diener aller sein ... Denn auch der Menschensohn ist nicht gekommen, um sich dienen zu lassen, sondern um zu dienen und sein Leben zu geben als Lösegeld für viele« (Mk 10,42ff.), lassen Markus und ihm folgend Matthäus und Lukas den Messias Jesus sagen. Anders als viele ihrer Zeitgenossen erhoffen sie sich die große Umkehrung der Verhältnisse nicht von einer königlichen Gestalt auf dem Thron Davids und auch nicht von gewaltsamen Umsturzversuchen, sondern von dem Messias, der in seiner Machtlosigkeit und Sanftmütigkeit den Weg der Gewaltlosigkeit weist, eine Bewegung von unten begründet, die nicht an der Eroberung der Macht interessiert ist, sondern diese grundsätzlich in Frage stellt. Wunderbare Szenen zeigen diesen Nicht-König, diesen Kleinleute-Messias, auf einem Esel reitet er ein in die Königsstadt Jerusalem, die messianische Salbung vollzieht eine unbekannte Frau, die das kostbare und teure Salböl Gott weiß woher hat, mit der Randale gegen die Tempelkaufleute und Geldwechsler demaskiert er den Tempel, die größte Bank der Provinz, als ausbeuterische Räuberhöhle – und am Ende wird ihm der kurze Prozess gemacht, zur Wahrung des sogenannten römischen Friedens in der Provinz Judäa wird er standrechtlich gekreuzigt, wie vor und nach ihm Tausende, die Unruhe stifteten im Imperium Romanum.

Die Erzählungen vom Leiden und Sterben des Messias Jesus sind jedoch nicht einfach Leidensgeschichten. In dem Wort Passion steckt ja eine doppelte Bedeutung: Leiden und Leidenschaft. Sein Tod ist nicht das von Gott inszenierte Opfer zur Vergebung der Sünden, sondern Konsequenz seines Eintretens für die Vision von Gottes Reich und seiner Gerechtigkeit. Der gekreuzigte Jesus wird so zum Urbild von Leidenschaft und Hingabe. In ihm, der wehrlos am Kreuz hängt, ist das Heil beschlossen, in seiner leidensbereiten Hingabe ist eine neue Lebensmöglichkeit eröffnet – es kommt nun alles darauf an, diese zu ergreifen, deutlich zu machen, dass dieser Weg nicht am Kreuz endet, dass diese neue Möglichkeit nicht begraben wird, dass der Tod nicht das letzte Wort behält. »War Jesus zu weit gegangen?«, fragt Kuno Füssel. »Nur, wenn wir ihm nicht folgen wollen!« In dieser Nachfolge bleibt der Gekreuzigte lebendig.

»Das Leben Jesu Christi ist auf dieser Erde noch nicht zu Ende gebracht. Christus lebt es weiter in dem Leben seiner Nachfolger (und Nachfolgerinnen)«, schreibt Dietrich Bonhoeffer. In den Texten, die von Jesus erzählen, wird zugleich von der messianischen Nachfolgepraxis berichtet, und am ausführlichsten geschieht dies in der Bergpredigt, die von der Matthäusgemeinde überliefert wurde und in der wohl auch etwas von der ureigensten Stimme Jesu zu vernehmen ist. In diesem Text sind Aussprüche Jesu zusammengestellt worden, die vielleicht eine Art Katechismus für die Taufunterweisung gewesen sind. In ihm findet sich ein alternativer Wertekatalog, die Wegweisung des Toralehrers Jesus, der das Gesetz nicht aufheben, sondern aktualisieren will und ins Herz zu schreiben versucht. Nicht nach dem Buchstaben, sondern nach dem Geist und mit dem Herzen soll die Weisung Gottes erfüllt werden.

Eine alternative Lebensweise wird entfaltet, die im Gegensatz steht zu dem, was die Leitkultur des römischen Reiches anbietet. Aufrichtigkeit in den menschlichen Beziehungen, Authentizität im Reden und Handeln wird geboten, Bereitschaft zur Vergebung und die Liebe zu dem Anderen, dem Fremden und selbst zum Feind. Der Weg der Gewaltlosigkeit ist ein neuer Weg, und die Botschaft dieser Wegweisung Jesu lautet: Es ist schön, anders zu leben. Die oft als Vertröstung auf ein besseres Jenseits verkannten Seligpreisungen sagen es gleich zu Anfang: Glückselig sind jetzt schon die Sanftmütigen, die Friedensstifter, die Barmherzigen, und ja, auch die um der Gerechtigkeit willen Verfolgten. Die so leben, müssen nicht missionieren – sie sind Salz der Erde und Licht der Welt, an ihnen sollen die Leute sehen, dass man auch anders leben kann, und dass es schön ist, anders zu leben: ohne die Brutalität der Sklavenhaltergesellschaft, ohne die Gewalt des Patriarchats, ohne die Ellenbogengesellschaft, in der der Mensch des Menschen Wolf ist, auch ohne die Sex-und-Crime-Vergnügungen der blutrünstigen Zirkusspiele und die Konsumevents der öffentlichen Gastmähler, mit denen die zunehmende Krisenhaftigkeit dieser ersten globalisierten Welt nur mühsam überdeckt wird. Aus der Erfahrung, dass wahres Leben anders aussieht und dass es möglich ist, anders zu leben, erwächst eine Gegenkultur und der Widerstand gegen die Welt der Gewalt, unter der in diesem römischen Imperium alle leiden, die den Preis bezahlen für die kulturellen, wirtschaftlichen und militärischen Errungenschaften der Megakultur. Aus der befreienden Erfahrung einer alternativen Lebensweise lässt sich wohl am ehesten auch die Bereitschaft erklären, Anfeindungen und Verfolgungen zu ertragen. Niemand lässt sich für eine abstrakte Idee enteignen, einsperren, zu Tode foltern – vielleicht aber dafür, einen Lebensentwurf zu verteidigen, der einem eine neue Würde, einen neuen Sinn, eine neue Gemeinschaft geschenkt hat, die man um keinen Preis der Welt wieder verlieren, verleugnen oder verraten will. Missbilligend nehmen die Vertreter der römischen Leitkultur wahr, wie hier Menschen zu Brüdern und Schwestern werden, »noch bevor sie sich kennen«, weil sie Brüder und Schwestern des Herrn Jesus sind, dem Lehrer ihrer Sehnsucht nach Freiheit, Leben und Würde; in ihm sind sie vereint, haben zueinander und zu sich selbst gefunden, sein Name, der Name unseres Herrn Jesus, wird zum Codewort für die Sehnsucht nach dem Leben und der Liebe, die über alle Grenzen geht, am Ende auch über die Grenzen des Todes – »How sweet the name of Jesus sounds« – Amazing grace!

Die Geschichten von den Nachfolgern und Nachfolgerinnen Jesu ziehen sich durch die Jahrhunderte, ihr Leben und Sterben hat Christus auf die Straßen der Welt hinausgerufen und den Gekreuzigten immer neu auferstehen lassen. Sie alle waren keine Helden und Heilige und keine geborenen Märtyrer, sondern Menschen auf der Suche nach einem glaubwürdigen und gelingenden Weg durch ihr Leben und ihre Welt. In ihrer Hingabefähigkeit waren sie glücklich, in ihrer Leidensbereitschaft mit sich identisch und in ihrem Widerstand gegen Unrecht und Gewalt selber wegweisend für andere. Ihre Lebensgeschichten sind Beispiel für Umkehr und Nachfolge, für den großen Perspektivenwechsel, der mit dem Messias Jesus verbunden ist – »die großen Ereignisse der Weltgeschichte einmal von unten, aus der Perspektive der Ausgeschalteten, Beargwöhnten, Schlechtbehandelten, Machtlosen, Unterdrückten und Verhöhnten, kurz der Leidenden sehen gelernt haben«, wie es Dietrich Bonhoeffer aus der eigenen Erfahrung von Widerstand und Verfolgung formulierte.[110] Er, der die »billige Gnade« verabscheute, wird am Ende seines Nachfolgeweges neu von der Gnade reden, und in seinem Vermächtnisbrief vom 21. Juli 1944 nach dem Scheitern des auch von ihm mit vorbereiteten Attentats gegen Hitler schreiben, dass man »erst in der vollen Diesseitigkeit des Lebens glauben lernt. Wenn man völlig darauf verzichtet hat, aus sich selbst etwas zu machen – sei es einen Heiligen oder einen bekehrten Sünder oder einen Kirchenmann ... – und dies nenne ich Diesseitigkeit, nämlich in der Fülle der Aufgaben, Fragen, Erfolge und Misserfolge, Erfahrungen und Ratlosigkeiten leben, – dann wirft man sich Gott ganz in die Arme ..., dann wacht man mit Christus in Gethsemane, und ich denke, das ist Glaube, das ist Metanoia; und so wird man ein Mensch, ein Christ.«[111]

Menschen wie er waren keine Lebenskünstler, die aus allem das Beste für sich machen, aber sie hatten eine unbändige Liebe zum Leben, nicht nur zu ihrem eigenen. Es ist eine Lebenskunst, das Unglück anderer zu verstehen, schrieb ein Überlebender des Holocaust an seinen deutschen Lebensretter. Diese Menschen standen mit ihrem Leben ein für das Lebensrecht anderer, sie teilten die Perspektive der Opfer und manchmal auch deren Schicksal. In ihrem Handeln gerieten aber auch sie immer wieder an Grenzen – an Grenzen des eigenen Mutes, der eigenen Kraft, des eigenen Könnens, und nicht zuletzt in die Erfahrung der eigenen Schuldverstrickung. Am Ende eines Nachfolgeweges bleibt die Erkenntnis, dass nach der Gnade des immer wieder möglichen Neubeginns am Ende doch nur noch die Hoffnung bleibt, dass Gott gnädig vollende, was in unserem Leben und Tun Fragment geblieben ist.

Dass Umkehr und Neubeginn in der alten Welt immer neu als Gnade gewährt wird, dass wir – wie schon Paulus wusste – in unserem Erkennen und Können Stückwerk bleiben, nur in Umrissen erkennbar wie in einem dunklen Spiegel, das bleibt die Grenze unserer menschlichen Existenz. Aber, so schreibt Paulus in seinem Brief an die Christen und Christinnen in Korinth, »es bleiben Glaube, Hoffnung und Liebe«. Das sind ja nicht einfach gute Gefühle, sondern Produktivkräfte – auch und gerade der Glaube gegen alle Fakten, die Hoffnung gegen alle Enttäuschung, die Liebe, die stark und verletzlich macht, und die Sehnsucht, die unerfüllt bleibt. Glaube, Hoffnung und Liebe bleiben die Empfangsorgane für die Momente, in denen sich Himmel und Erde berühren, in dem Augenblick, in dem etwas von Gott erfahrbar wird in der Liebe, die die Größte unter ihnen ist. Es sind die Augenblicke, in denen etwas in uns selbst und in der Welt verändert wird, in denen etwas Neues beginnen kann. Wenn die Bibel uns rät, das Reich Gottes zu empfangen wie ein Kind, dann ist wohl diese Bereitschaft gemeint, etwas in uns offen zu halten für diese immer neue geschenkte Möglichkeit, für die «Amazing grace».

Die Hoffnung auf diese verändernde Gnade wird auf wunderbare Weise mit den Worten eines Gedichtes von Eva Strittmatter ausgedrückt. In ihnen ist mit poetischen Bildern die biblische Botschaft vom Wunder der Umkehr beschrieben, von dem immer neuen Anbeginn zwischen Himmeln und Erden.

Doch manchmal sind solche Stunden
Von Freiheit vermischt mit Wind
Da bin ich ungebunden
und möglich wie als Kind

Und alles ist noch innen
in mir und unverletzt
Und ich fühle, gleich wird es beginnen,
das Wunder kommt hier und jetzt

Und frei von Furcht und Hoffen
Und also frei von Zeit
Und alle Wege sind offen
Und alle Wege sind weit

Und alles kann ich noch werden
Was ich nicht geworden bin
Und zwischen Himmeln und Erden
Ist wieder **Anbeginn**

Eva Strittmatter

Aus: Eva Strittmatter, Sämtliche Gedichte, erweiterte Neuausgabe, Aufbau Verlag 2015, © Aufbau Verlag GmbH & Co. KG, Berlin 1973, 2015.

Für M.K.

Dank

Dieses Buch ist in lebendigen Auseinandersetzungen und Gesprächen mit vielen unterschiedlichen Menschen entstanden, und so danke ich ihnen allen miteinander: Für die wissenschaftliche Auseinandersetzung in theologischen und historischen Fragen, für die gemeinsame Suche nach Gerechtigkeit und Frieden in Diskussionen und Aktionen, und für die gemeinsame Feier des Lebens, dem Miteinander in Texten und Tönen. Dankbar bin ich auch für die kritischen Anfragen meiner Genossinnen und Genossen und die Solidarität derer, die miteinander auf der Suche sind nach einem guten und gangbaren Weg durch die Welt und das Leben. Am Ende danke ich vor allem meinen Studentinnen und Studenten, mit denen mich eine intensive gegenseitige Lehr- und Lerngemeinschaft verbunden hat, und schließlich Diedrich Steen vom Gütersloher Verlagshaus, der darauf bestanden hat, daraus dieses Buch zu machen.